COURIR AU BON RYTHME

Catalogage avant publication de Bibliothèque et Archives nationales du Québec et Bibliothèque et Archives Canada

Cloutier, Jean-Yves, Courir au bon rythme : du débutant à l'expert : s'entraîner avec succès à la course à pied
ISBN 978-2-923681-62-7
1. Course à pied - Entraînement.
I. Gauthier, Michel, . II. Titre.
GV1061.5.C56 2011 796.42
C2011-940451-6

DIRECTRICE DE L'ÉDITION
Martine Pelletier

ÉDITRICE DÉLÉGUÉE
Nathalie Guillet

CONCEPTION GRAPHIQUE ET MISE EN PAGE
Yanick Nolet

PHOTOGRAPHIE DE LA COUVERTURE
Photos.com

RÉVISION
François Morin

CORRECTION D'ÉPREUVES
Anik Tia Tiong Fat

Dépôt légal – 1er trimestre 2011
ISBN 978-2-923681-62-7
Imprimé et relié au Canada

LES ÉDITIONS LA PRESSE

PRÉSIDENT
André Provencher
Les Éditions La Presse
7, rue Saint-Jacques
Montréal (Québec)
H2Y 1K9

L'éditeur bénéficie du soutien de la Société de développement des entreprises culturelles du Québec (SODEC) pour son programme d'édition et pour ses activités de promotion. L'éditeur remercie le gouvernement du Québec de l'aide financière accordée à l'édition de cet ouvrage par l'entremise du Programme de crédit d'impôt pour l'édition de livres, administré par la SODEC. Nous reconnaissons l'aide financière du gouvernement du Canada par l'entremise du Programme d'aide au développement de l'industrie de l'édition (PADIÉ) pour nos activités d'édition.

COURIR AU BON RYTHME

DU DÉBUTANT À L'EXPERT :
S'ENTRAÎNER AVEC SUCCÈS
À LA COURSE À PIED

JEAN-YVES CLOUTIER
MICHEL GAUTHIER

LES ÉDITIONS
LA PRESSE

AVERTISSEMENT

Avant de commencer l'entraînement suggéré dans ce livre, assurez-vous que vous êtes bien apte à le faire, et ne prenez aucun risque. Ne faites jamais un exercice qui vous entraînera au-delà de votre niveau de forme actuelle. Comme il est de mise de le faire avant de commencer un régime alimentaire ou un programme d'entraînement, il est fortement recommandé d'obtenir le feu vert de votre médecin avant de commencer le programme présenté dans ces pages. L'éditeur et les auteurs de ce livre tiennent à réaffirmer la responsabilité complète du lecteur relativement à son état de santé.

Le fait que des entreprises ou des produits soient cités ou identifiés dans ce volume ne signifie pas qu'ils sont approuvés ou recommandés par les auteurs et l'éditeur, pas plus qu'il ne témoigne d'une intention de porter un jugement de valeur sur les produits des autres entreprises.

5
10
15
20
25
30
10

À Benoît Leduc,
Le plus grand entraîneur d'athlétisme
que le Québec n'ait jamais produit !
Merci pour tout ce que tu m'as enseigné,
comme entraîneur et comme homme.

Jean-Yves Cloutier

À mon frère Daniel,
Mon premier compagnon
d'entraînement !

Michel Gauthier

SOMMAIRE

60
5
10
15
20
40
45
50
55
30
10

À PROPOS DES AUTEURS

JE M'APPELLE JEAN-YVES CLOUTIER

Je suis entraîneur-conseil du Marathon Oasis de Montréal, entraîneur et président-fondateur du club Les Vainqueurs et coorganisateur du Tour du Lac Brome Merrell.

Je roule ma bosse dans le milieu de l'athlétisme et de la course sur route depuis bientôt une quarantaine d'années. Je suis un enfant du rêve olympique de 1976. J'ai commencé la course à pied en 1973, à l'âge de 16 ans. J'ai été recruté et entraîné à mes débuts par Guy Lépine, coureur élite qui enseignait l'éducation physique à la polyvalente Édouard-Montpetit (il devint plus tard directeur général de la Fédération québécoise d'athlétisme). Mes années d'athlétisme m'ont conduit à participer à la finale du 10 000 m du championnat canadien en 1979. J'étais le seul représentant du Québec. J'ai terminé à la 7e place avec un chrono de 31 min 42 s.

À cette époque, j'étais membre du club Regina Mundi, que dirigeait Benoît Leduc, le plus grand entraîneur que le Québec n'ait jamais produit pour le fond et le demi-fond. L'essentiel de ma philosophie de l'entraînement et de la course, et ce que je sais de l'évolution d'un athlète et d'une carrière, je l'ai appris de Benoît Leduc. Les leçons dont j'ai bénéficié à cette époque étaient données par le plus grand, et elles allaient bien au-delà de la théorie !

Par la suite, c'est le hasard qui m'a amené à devenir entraîneur. Et finalement, le hasard n'a jamais cessé de me solliciter ! J'ai fondé le club Les Vainqueurs en 1982 et depuis je suis devenu l'entraîneur de plusieurs coureurs sur route de la région de Montréal !

Le club Les Vainqueurs se distingue, depuis sa naissance même, par une conception de l'*athlétisme* qui inclut la course sur route. De tout temps, le club n'a eu qu'une mission, celle de populariser la pratique de l'athlétisme auprès des personnes de tous âges, de 6 à 89 ans, de tous les niveaux, du débutant à l'élite. Inspirée par la vie des clubs et l'organisation de l'athlétisme en Europe, notamment en France, cette mission fondamentale du club assure sa réputation, sa prospérité, sa longévité et ses succès depuis sa création.

Je suis l'un des rares entraîneurs du Québec à avoir toujours travaillé de manière synchronisée et avec succès, des « deux côtés de la clôture ». J'emploie cette expression parce que, malheureusement, l'écart est encore considérable aujourd'hui entre l'athlétisme et la course sur route ; c'est dommage, car après tout, c'est le même sport !

J'ai eu le privilège d'entraîner des athlètes qui ont participé aux championnats canadiens et qui, pour certains d'entre eux, ont aussi représenté le Canada dans des compétitions internationales. J'ai moi-même eu la chance, en tant qu'entraîneur québécois, de représenter le Canada, à l'étranger à la tête de sa délégation nationale. Je dis chance, parce que nous ne sommes pas nombreux au Québec à avoir vécu cette expérience. J'ai été privilégié de connaître et de seconder des athlètes comme Isabelle Ledroit, qui a fait partie à 10 reprises de l'équipe canadienne et s'est classée à la 38e place au marathon du Championnat du monde d'athlétisme à Edmonton, en 2001.

Loin de chercher à vous impressionner, je ne vous dis cela que pour rendre compte de ma passion et de mon expérience dans l'entraînement des athlètes de haut niveau, de demi-fond et de fond.

Présentement, j'entraîne plus de 200 membres de la section route du club. Notre équipe d'entraîneurs encadre aussi plus d'une centaine de jeunes, de 6 à 20 ans. J'ai entraîné des athlètes de toutes les catégories d'âge, sur toutes les distances, du 800 m au marathon, sur piste et sur route. Ceux qui fréquentent les courses sur route savent que plus de 50 participants portent les couleurs du club lors des compétitions importantes.

Parmi nos membres, on compte des débutants, des femmes et des hommes de tous âges et de toutes expériences. On y distingue quelques membres qui ont plus de 100 marathons à leur actif, quelques coureurs de plus de 80 ans et plusieurs coureurs seniors et vétérans de tous les niveaux, sans parler de ceux qui se préparent pour leur premier marathon ou leur première compétition.

Ce fut un grand honneur et un remarquable défi que d'être invité à concevoir la nouvelle génération de programmes d'entraînement du Marathon Oasis de Montréal. Et je suis vraiment heureux d'entendre de toutes parts que, de partout au Québec, de plus en plus de coureurs les adoptent avec succès (leur nombre est estimé à 8 000), non seulement pour courir au Marathon Oasis de Montréal, mais aussi pour d'autres compétitions au Québec et ailleurs dans le monde.

Bien que j'aie suivi des stages de formation de niveau national en tant qu'entraîneur, je peux vous affirmer que ce que je vais partager avec vous n'a rien d'universitaire ou d'officiel. Je suis venu à l'athlétisme avec le dessein de participer aux Jeux olympiques. C'est devenu une passion. J'entends vous communiquer cette passion et cette expérience, et non de savantes théories.

On ne passe pas 30 ans à entraîner des athlètes et à participer à des compétitions sans être inspiré et passionné par leurs performances, leurs progrès et leurs dépassements, sur la route comme sur la piste. On apprend à distinguer et à nuancer ce qui est écrit dans les livres et ce qu'on enseigne un peu partout. On apprend beaucoup de ses athlètes, également. Au final, on en arrive à élaborer son propre système. Mais ce qui demeure ma plus grande satisfaction en tant qu'entraîneur, c'est de contribuer à ce que mes athlètes, peu importe leur niveau, atteignent leurs objectifs et réalisent leurs rêves.

Je vous soumets dans ce livre mon *étude personnelle* sur l'entraînement à la course à pied. Pour ce faire, je me fonde sur mon expérience auprès de plus de 2 000 coureurs avec qui j'ai travaillé depuis 1981.

JE SUIS MICHEL GAUTHIER, « L'AUTRE »

J'ai commencé à courir à l'école secondaire, en 1968, et j'ai participé à la toute première épreuve de cross-country organisée sur le Mont-Royal par la Commission scolaire de Montréal. Nous étions presque 150 sur la ligne de départ et 87 sur la ligne d'arrivée, dont moi qui étais le 52e.

Toute ma carrière a été à l'image de ce premier résultat ! Je ne suis donc pas ce qu'on pourrait appeler un athlète d'élite. Je n'en ai pas l'ossature non plus et aujourd'hui, je n'en ai plus le poids !

Je n'ai donc jamais été inspiré par une éventuelle participation aux Jeux olympiques ! À cette époque, d'ailleurs, nous étions peu nombreux à courir et à rêver, car il semble que la perspective concrète qui s'offrait aux meilleurs d'entre nous était de devoir nous exiler aux États-Unis dans l'espoir d'obtenir une bourse.

Voilà, c'est dit, je ne suis pas un bon coureur.

Mais *j'aime* courir.

Je l'ai attrapée, cette maladie... en regardant la télévision (en noir et blanc) ! Pas en regardant *Bobino* ou *Ainsi font font font...* ! Mais les Jeux olympiques !

Quand j'ai vu le légendaire Abebe Bikila triompher au marathon olympique de Rome, en 1960, après avoir établi un nouveau record du monde en 2h15:16 en courant *pieds nus* sur les célèbres pavés de la ville du Colisée, j'ai été marqué pour la vie. Ému, émerveillé, inspiré par les coureurs de fond, je me suis mis à rêver de courir le marathon, moi aussi, un jour. De réaliser ce qui me paraissait littéralement impossible ; de faire partie, moi aussi, de la grande famille internationale de ceux qui avait déjà franchi en courant, sans interruption, la distance de 42 195 m.

Ving-cinq ans plus tard, j'y suis arrivé !

Entre-temps, j'en ai fait, des courses... avec mon frère dans la rue Chateaubriand à Montréal, quand nous avions 10 ans. Nous nous imposions des « 5 000 m » (jusqu'au dépanneur) et des « 10 000 m » (jusqu'au coin de la rue) – toujours sans la moindre idée de la longueur exacte d'un mètre ni du chronométrage type d'une telle course !

Mais je rêvais que j'étais Peter Snell et je décrivais la course tout en la courant ! Qui a dit que la télévision ne pouvait servir à faire naître des athlètes ? Qui a dit qu'elle ne pouvait servir qu'à diffuser des matchs de hockey ?

Je me suis adonné à la course par grands à-coups, souvent avec de grandes interruptions. Mes premiers pas ont été franchis en cross-country et mon premier entraîneur s'appelait Monsieur Birade. Quelle surprise il a eue quand je l'ai rencontré 30 ans plus tard, après le Cross des couleurs, auquel avait participé le champion québécois de l'époque, Jean Lagarde ! Imaginez, nous étions l'équipe de cross du parc Père-Marquette... un terrain un peu plat pour le cross, mais qui comptait des estrades à escalader, des clôtures à sauter, des bancs de joueurs de balle à enjamber, de la pelouse, de la terre, de la boue certains soirs à fouler. Il n'en fallait pas plus !

Jean-Yves est mon entraîneur depuis 1985 au club Les Vainqueurs. Je participe, bon an mal an, à de 10 à 20 entraînements du club et je visite occasionnellement les organisateurs d'événements, surtout ceux que j'ai appris à connaître il y a plusieurs années.

J'ai eu ma période active, un peu maniaque, au milieu des années 1980. C'est à cette époque que j'ai fait mes meilleures « performances », à 19:57 au 5 km et à 3h47 au marathon. J'ai déjà aussi été le dernier d'une course, avec un chrono de 48:00 et quelques secondes sur 10 km, à Ayer's Cliff. J'avais alors 33, 34 et 35 ans !

Un peu plus tard, j'ai organisé avec Jean-Yves le Salon de la course à pied et de la mise en forme, au Centre Pierre-Charbonneau en 1989 et 1990, en marge de la Course du Parc olympique, que nous organisions ensemble également.

C'est aussi à cette époque que devant la décision de la Fédération québécoise d'athlétisme de cesser toute publication à cause de ses difficultés financières, j'ai lancé un bulletin, on ne peut plus sobre, qui portait le titre de *Course à pied et mise en forme*, que j'ai tenu à bout de bras pendant deux ans, le temps de 11 numéros, distribués à près de 400 abonnés dans tout le Québec.

On en était aux premiers pas de l'ordinateur... C'était tout un boulot !

J'ai cessé de publier aussitôt que la Fédération a décidé de reprendre la publication de sa revue *Athlétisme et Course sur route*. Le directeur général de la fédération, Monsieur Baert, m'avait d'ailleurs félicité pour cet intérim.

Vous aurez compris que ma passion pour la course s'est doublée d'une passion pour les mots, la rédaction et la traduction. C'est donc une grande joie et un honneur pour moi de collaborer à la publication d'un livre pour accompagner la deuxième vague.

0:00,00

INTRODUCTION

UNE RÉVOLUTION EST EN COURS ET VOUS EN FAITES PARTIE !

La pratique de la course à pied est en plein essor au Québec... à nouveau ! Sans faire de bruit, la participation aux compétitions de course à pied s'est mis à monter en flèche depuis le début des années 2000. Mine de rien, la mobilisation de plus de 15 000 coureurs aux compétitions du Marathon Oasis de Montréal, en 2009, en faisait l'événement de course à pied le plus populaire de tous les temps au Québec.

Les statistiques de la participation aux courses sur route confirment la progression de cette nouvelle vague de popularité de la course à pied. Pour ne citer que quelques exemples, mentionnons le Tour du Lac Brome Merrell, qui a vu sa participation de 700 coureurs gonfler à plus de 3 000 en moins de 4 ans ; de même, la Classique du parc La Fontaine, doyenne de tous les événements de course à pied au Québec, a connu un succès sans précédent à sa 61e manifestation, avec plus de 3 000 coureurs. La participation au demi-marathon et au 10 km du Marathon des Deux-Rives, à Québec a doublé depuis 2006, atteignant des sommets de 2 345 et de 1 847 coureurs à ces deux épreuves. Quant au Marathon Oasis de Montréal 2010, avec son succès phénoménal de plus de 20 000 inscrits, il se hisse au rang des rares événements de course à pied d'envergure canadienne et mondiale. Et ce n'est pas terminé.

Si personne ne l'avait remarqué avant 2010, c'est que, malheureusement, le Québec compte peu de journalistes sportifs spécialisés en athlétisme.

Pourtant, le phénomène est nord-américain. En 2006 déjà, on parlait d'une augmentation de 250 % des inscriptions au marathon de Mississauga en Ontario par rapport à l'année précédente.

Aux Etats-Unis, le chroniqueur réputé du magazine *Runner's World*, John « The Pinguin » Bingham écrivait, en 2007, qu'on assistait à « la croissance la plus rapide et la plus importante de la participation aux compétitions de course sur route de toute l'histoire du sport aux États-Unis[1] » et qu'on dénombre au moins 24 millions d'Américains qui pratiquent la course à pied !

1 Bingham John et Jenny Hadfield. *Running for mortals*, Rodale books, 2007, New York. (notre traduction)

UN PHÉNOMÈNE DE SOCIÉTÉ

Plus qu'une mode passagère, le déferlement de cette deuxième vague, comme nous nous plairons à l'appeler dans ce livre, relève, tout comme la première, d'un mouvement social durable, d'une tendance de fond qui ne saurait se laisser réduire à un phénomène de mode superficiel.

Comme l'expliquait déjà John Naisbitt dans Megatrends[2] en 1982, le passage de la société industrielle à la société de l'information a conduit à la création de vagues de fond permanentes dans la conscience des gens, comme celle de la nécessité de se préoccuper de sa santé et de son corps.

La société de l'information impose de plus en plus la sédentarité au citoyen moyen et l'éloigne du minimum d'activités physiques qu'il atteignait amplement naguère en exerçant son travail. Il en découle immanquablement qu'un nombre toujours croissant de gens y remédient en se tournant vers la pratique d'activités sportives. Bouger et s'activer, combattre la sédentarité, rechercher le bien-être et améliorer sa santé par une vie active, tel est essentiellement l'objet de la révolution qui est en cours.

LA PREMIÈRE VAGUE AUX ÉTATS-UNIS

Retournons aux sources de ce nouveau phénomène de société, à l'origine de la première vague de popularité de la course à pied, aux États-Unis.

Plusieurs observateurs s'entendent pour désigner comme initiateurs et promoteurs de l'entraînement physique cardiovasculaire, les médecins chargés du conditionnement physique des officiers du programme d'exploration spatiale de la NASA. L'ouvrage du docteur Kenneth Cooper, aérobic[3], paru en 1968 et vendu à plus de 40 millions d'exemplaires dans le monde, en a jeté les fondements. Son programme se présentait, entre autres, comme une réponse au nombre de décès imputés à des maladies cardiovasculaires, qui atteignaient alors des proportions alarmantes aux États-Unis. Sur les 41 sports répertoriés par le docteur Cooper pour leur valeur, du point de vue de l'aérobie, le jogging occupait le troisième rang, derrière le ski de fond et la natation ; le vélo et la marche occupant respectivement les quatrième et cinquième rangs[4].

Dès lors, entraîneurs et éducateurs physiques reprenaient le flambeau et des milliers de groupes furent créés partout aux États-Unis pour pratiquer ce nouveau sport auquel on a donné le nom de *jogging*. Un nouveau mouvement social venait de naître.

2 Naisbitt, John, *Megatrends*, Warner Books, New York, 1982.
3 Kenneth Cooper, Aerobics, Bantam Publishing, 1968.
4 Site Web en langue anglaise de l'institut du docteur Cooper : http://www.cooperaerobics.com/About-Cooper/Aerobics.aspx

L'un des premiers ouvrages caractéristiques de cette période s'intitule justement... *Jogging*[5]. Il a paru en 1967 sous la signature de William J. Bowerman et W. E. Harris. Pour ceux qui l'ignorent, Bowerman allait devenir l'entraîneur réputé du coureur mythique Steve Prefontaine, à l'Université de l'Oregon, et l'un des fondateurs de Nike ! C'était le début de tout. On faisait alors la promotion du jogging en tant que « programme approuvé par les médecins pour le conditionnement physique des personnes de tous les âges ». Le magazine *Newsweek* en recommandait la lecture, en reprenant le slogan lancé par des médecins de l'époque : *Run for your lives !*[6], inspiré du titre d'une émission de télévision américaine fort populaire à l'époque.

Les champions américains Frank Shorter (médaillé d'or au marathon olympique de Munich en 1972 et médaillé d'argent en 1976 au marathon olympique de Montréal) et Bill Rodgers (vainqueur à quatre reprises des marathons de New York et de Boston entre 1975 et 1980) devinrent les vedettes très médiatisées de cette première vague et provoquèrent une recrudescence de l'intérêt pour le demi-fond et la course de fond aux États-Unis. C'est aussi durant cette période que les grandes institutions de la course sur route américaine, comme les marathons de Boston, New York et Los Angeles, ou encore des courses comme les 15 km du Boilermaker à Utica dans l'État de New York, connurent l'essor qui les conduisit à la célébrité.

LA PREMIÈRE VAGUE AU QUÉBEC

Les origines de la première vague au Québec coïncident pour beaucoup avec le mouvement entourant la tenue des Jeux olympiques de Montréal. La ville a présenté sa candidature pour être la ville hôte des Jeux de 1972, mais, comme on le sait, c'est Munich qui l'a remporté. Montréal est revenue à la charge en 1970 à Amsterdam et a fini par se voir attribuer le titre de ville hôte pour les Jeux de 1976.

On fondait de grands espoirs sur les Jeux olympiques, qui devaient laisser en héritage des installations sportives modernes et une nouvelle culture olympique et sportive à Montréal et au Québec. D'importantes organisations sont nées, comme la Fédération québécoise d'athlétisme en 1968, ainsi que les premiers championnats de cross-country pour les élèves du secondaire de la région de Montréal en 1969.

De 1970 à 1976, Montréal et le Québec ont vécu au rythme de l'aventure olympique. C'est dans cette mouvance que Jean-Yves est devenu dès 1973, à l'âge de 16 ans, un athlète, inspiré par la venue des Jeux et

5 William J.Bowerman et W. E. Harris, M. D. *Jogging*, Grosset & Dunlap, New York, 1967.
6 L'expression signifie habituellement « sauve qui peut », mais le jeu de mots fait aussi allusion à la nécessité de « courir pour (sauver) sa vie ». *Run for your life* était aussi le titre anglais de la série télévisée *Le fugitif*... que les moins de 20 ans ne peuvent pas connaître... (air connu).

habité des plus grands espoirs. On croyait alors aux vertus du sport, on investissait non seulement dans les infrastructures, mais aussi dans la formation des entraîneurs et le développement des clubs dans tous les sports. À cette époque, les subventions accordées au club d'athlétisme Montréal International frisaient les 80 000 $ par année pour la promotion et le développement de l'athlétisme à Montréal !

Parmi les retombées des Jeux olympiques, signalons la naissance de nombreuses courses sur route, comme la Course du Parc olympique, que le Père de la Sablonnière avait fondée en 1977 pour commémorer les Jeux ; le Maski-Courons, les événements et compétitions de partout en province qui formèrent le nouveau circuit Mini-Loto ; et, sans contredit, l'un des faits marquants de cette époque, la naissance du Marathon international de Montréal, en 1979.

La première vague a littéralement déferlé sur le Québec en 1979 et tout au long des années 1980, la participation populaire atteignant alors des sommets incomparables. La popularité du sport était telle que la Société Radio-Canada retransmettait en direct la course du Marathon international de Montréal, qui occupait 3 heures d'antenne (que tous les coureurs enregistraient religieusement sur VHS). Les courses du circuit Mini-Loto faisaient régulièrement l'objet d'émissions spéciales à la télévision et nos meilleurs coureurs sur route jouissaient d'une visibilité très étendue. Une émission de radio était spécialement programmée pour la durée du marathon, ponctuée de capsules faisant le point en direct tout au long de la compétition. Bref… Tout cela n'a pas empêché cette première vague de s'estomper au début des années 1990, alors que certains grands commanditaires se tournaient vers d'autres véhicules publicitaires et que prenait fin la présentation annuelle de la première mouture du Marathon international de Montréal.

LA DEUXIÈME VAGUE N'EST PAS QUE LA RÉPÉTITION DE LA PREMIÈRE

On aurait cependant tort de croire que la deuxième vague de popularité de la course à pied qui déferle sur le Québec depuis le début des années 2000 n'est que le simple retour d'une mode, la simple répétition d'un même phénomène social. Ainsi que nous allons le voir, les différences sont grandes entre les deux époques.

LA SANTÉ D'ABORD, LA PERFORMANCE ENSUITE

Les coureurs de la deuxième vague courent d'abord pour leur santé et leur bien-être, et ensuite, pour améliorer leur performance, leur aisance à la course et la satisfaction de faire des progrès. C'est tout le contraire des coureurs de la première vague. À cette époque, on visait d'abord et avant tout la performance, comme si les principes du jogging s'étaient un peu dissipés au fur et à mesure de l'essor de la course sur route.

C'était une époque un peu obsédée par les chronométrages, qu'on prenait un soin maniaque à analyser et à décortiquer afin de mettre au jour le plus petit détail susceptible d'avoir une incidence sur son record personnel et son classement. La mode était à l'entraînement à la manière des champions, rien de moins, dans le but d'obtenir la meilleure performance possible.

NOUS SOMMES TOUS DES COUREURS

Comme la majorité des coureurs pensent santé avant performance, il en découle que le milieu de la course sur route se trouve aujourd'hui beaucoup plus inclusif. Fini le temps où votre lenteur vous faisait regarder de haut ! Aujourd'hui, le milieu accepte et intègre de plein droit les marcheurs, les coureurs et ceux qui sont à la fois l'un et l'autre, sans discrimination !

Voici comment les auteurs américains déjà cités expliquent la genèse de la deuxième vague aux États-Unis :

« Intimidés par les comparaisons, craignant de mal paraître à cause de leur lenteur, plusieurs avaient cessé de courir à la fin des années 1980. Aujourd'hui, les choses ont changé… En effet, la deuxième vague a commencé à l'initiative de quelques hommes et femmes assez braves pour donner libre cours à leur enthousiasme pour la course sans craindre les qu'en-dira-t-on au sujet de leur physique ou de leur vitesse. En fait, les coureurs d'aujourd'hui ne courent pas tous ! Certains se contentent de marcher, alors que d'autres ne font que combiner la course et la marche. Mais ils portent tous le titre de coureurs, dans la mesure où ils participent aux événements et s'entraînent à cette fin[7] ! »

ON COURT SUR TOUTES LES DISTANCES

Aujourd'hui, on trouve de nombreux coureurs qui participent aux compétitions sur toutes les distances : du 1 ou 2 km jusqu'au marathon, en passant par le 5, le 10, le 20 et le 21,1 km. Ce phénomène découle

7 Bingham John et Jenny Hadfield. *Running for Mortals*, Rodal books, 2007, p. IX et X.(notre traduction)

aussi de cette attitude « intégratrice » dont nous parlions précédemment. Fini le temps où l'on n'était un coureur qu'à partir du moment où l'on s'entraînait pour un marathon, et où la qualité d'un coureur ne se mesurait qu'aux chronos enregistrés lors des marathons.

Les conséquences de ce changement se manifestent de manière spectaculaire dans la croissance exponentielle du nombre de coureurs aux événements de course sur route, soudainement devenus accessibles et ouverts à tous, et non plus réservés aux seuls marathoniens.

LES HÉROÏNES DE LA DEUXIÈME VAGUE

Les femmes sont les héroïnes silencieuses de cette fameuse deuxième vague de popularité de la course à pied au Québec. C'est leur affluence sur les lignes de départ des compétitions qui caractérise l'essor actuel de la course à pied. Il s'agit réellement d'une transformation spectaculaire. Constatez par vous-mêmes.

Lors de la fin de semaine du Marathon d'Ottawa en 2010, les femmes formaient la majorité des participants : 56 % des 16 370 finissants étaient des femmes ! Du jamais vu !

Lors du même événement, la proportion des femmes s'élevait à près 60 % des finissants dans chacune des épreuves du 5, du 10 et du 21,1 km !

On remarque le même phénomène au Marathon Oasis de Montréal, où les femmes représentaient 45 % des finissants, toutes épreuves confondues, avec des sommets sans précédent de 57 et 59 % de finissants aux épreuves du 5 et du 10 km.

Le phénomène se vérifie dans la plupart des événements de course à pied au Québec en 2010. À preuve, les femmes aux épreuves du 5 km et du 10 km formaient respectivement 61 et 55 % des finissants au Tour du Lac Brome Merrell.

Entre 1979 et 1981, la participation des femmes à l'un des événements les plus courus du Québec, le Maski-Courons, était passée de 16,4 % à 24,5 %, ce qui était pour l'époque une statistique remarquable. On peut affirmer, sans risquer gros, que la participation des femmes dans les épreuves de course sur route a pratiquement doublé depuis les années 1980.

L'ORGANISATION DU MARATHON DE MONTRÉAL, HIER ET AUJOURD'HUI

La comparaison entre les caractéristiques de l'organisation de la première époque du Marathon international de Montréal, des années 1980, et celles du Marathon Oasis de Montréal, des années 2000, reflète et résume bien les différences les plus marquantes entre les deux vagues.

CARACTÉRISTIQUES DE LA DEUXIÈME VAGUE	MARATHON INTERNATIONAL DE MONTRÉAL (ANNÉES 1980)	MARATHON OASIS DE MONTRÉAL (ANNÉES 2000)
LA SANTÉ D'ABORD, LA PERFORMANCE ENSUITE.	MÉDAILLES AUX PARTICIPANTS EN FONCTION DE LEUR PERFORMANCE : OR (3 h 10 ET MOINS), ARGENT (3 h 40 ET MOINS) ET BRONZE (3 h 41 ET PLUS).	MÉDAILLE IDENTIQUE POUR TOUS LES FINISSANTS, À L'EXCEPTION DES GAGNANTS DE CHAQUE COMPÉTITION DANS LEUR CATÉGORIE.
COURIR SUR TOUTES LES DISTANCES.	SEULE ÉPREUVE : LE MARATHON – AUCUNE AUTRE CONSÉCRATION POSSIBLE !	COMPÉTITIONS SUR 1 km, 5 km, 10 km, 21,1 km ET MARATHON.
NOUS SOMMES TOUS DES COUREURS.	SOMMET DE PARTICIPATION À 12 000 (1982).	SOMMET DE PARTICIPATION À 21 000 INSCRITS (2010).
LA PARTICIPATION DES FEMMES.	MOINS DE 20 % DES FINISSANTS.	PLUS DE 50 % DES FINISSANTS.

L'ENTRAÎNEMENT

Il y a une grande différence entre les programmes d'entraînement de l'époque et ceux d'aujourd'hui. Il va sans dire que la recherche de la performance à tout prix n'était pas sans avoir des conséquences sur les entraînements que les coureurs effectuaient et les programmes qu'ils adoptaient.

Ainsi, les coureurs de marathon des années 1980 devaient choisir un des trois niveaux proposés dans les programmes d'entraînement conçus par Jo Malléjac (« notre grand déniaiseur national en athlétisme», selon l'heureuse expression d'Yves Boisvert[8], chroniqueur au journal *La Presse*).

Les programmes d'entraînement du présent ouvrage offrent un choix de 10 niveaux différents pour l'entraînement au marathon, et non plus 3 comme à l'époque.

8 Blogue d'Yves Boivert, de *La Presse*, 1er juin 2009.

Ce sont aussi 10 niveaux d'entraînement différents qui sont offerts pour chacune des autres épreuves des 5 et 10 km, et du demi-marathon en plus du marathon. On totalise ainsi 40 programmes d'entraînements différents.

Non seulement on compte davantage de grilles d'entraînement en raison de la possibilité de courir sur une plus grande diversité de distances, mais aussi on dénombre davantage d'options. Au lieu des trois niveaux de performance des programmes de la première vague du Marathon de Montréal, on en trouve dix aujourd'hui pour chacune des distances.

Notre programme permet au coureur de choisir un entraînement qui s'approche davantage de son niveau de développement. L'inévitable écart, qui séparait auparavant les programmes proposés du niveau de forme des coureurs, s'en trouve désormais considérablement réduit.

Ignorant cet écart, plusieurs coureurs se voyaient amenés à adopter des rythmes et un volume d'entraînement qui ne leur correspondait pas réellement. Habituellement, les tableaux d'entraînement exigeaient trop. La préparation est différente pour un marathon en 3 h 30 et un autre en 4 h 30. Or, à cette époque, on ne tenait pas compte de l'énorme différence séparant les deux objectifs. Comme rien n'existait pour tous les coureurs compris entre ces niveaux, les risques de surentraînement et de blessures étaient considérables et omniprésents.

Avec 10 niveaux différents, les programmes d'entraînement proposés s'adaptent mieux au véritable niveau de forme des coureurs.

UN LIVRE POUR ACCOMPAGNER LA DEUXIÈME VAGUE AU QUÉBEC

Peut-être vous demandez-vous ce qui peut bien être encore dit sur la course à pied qui n'ait été dit ? Légitime. Pour mettre en relief ce qui est exclusif au présent ouvrage, revenons quelque peu en arrière, car la grande différence qui existe entre les première et deuxième vagues se reflète aussi dans les livres qui traitent de la question.

Depuis la fin de la première vague, à la fin des années 1980, la documentation consacrée à la course à pied ne s'est pas beaucoup renouvelée. La première vague s'est distinguée par de nombreuses publications destinées à aider les coureurs à améliorer leur performance. Presque chaque grand athlète international y est allé de son « opus ». Nous avons eu droit aux secrets de l'entraînement des Bill Rodgers, Frank Shorter, Bill Bowerman (à nouveau), Jeff Galloway, Tedd Corbitt, Joe Henderson, Priscilla Welch, Joan Benoît, Bob Glover, Don Kardong, Hal Higdon et nous en passons. Nous ne vous parlons pas non plus de ce qui est venu d'Europe et de ceux qui ont récidivé !

Fidèle à cet air du temps qui n'en avait que pour la performance, les programmes proposés dans la production de l'époque étaient pour le moins... intenses. Ainsi, Ron Daws, un athlète américain de renom à l'époque, affirmait : « Peu de débutants devraient courir plus de 80 km par semaine. Mais à moins de 56, ce n'est pas de l'entraînement[9].» Ses grilles d'entraînement pour les compétitions du mile et du 5 km pour débutants suggéraient justement un volume d'entraînement hebdomadaire faisant alterner des périodes de 56 km (35 miles) et de 80 km (50 miles). Bien que tous les auteurs de cette époque n'aient pas péché par de tels excès, la plupart étaient animés du même esprit. Le moins qu'on puisse dire, c'est qu'à cette période, si l'on se fie aux programmes publiés, courir était... exigeant !

En même temps paraissaient aussi, dans un autre style, des ouvrages de type encyclopédique, comme le *Complete Book of Running*[10] du New York Road Runners Club et celui du docteur Tim Noakes, *The Lore of Running*[11] .

AU QUÉBEC

Il en a été de même au Québec. Jo Malléjac, l'auteur des programmes du Marathon international de Montréal, avait lui aussi publié, en 1979, un livre phare que la plupart des coureurs québécois ont dévoré. Il s'intitulait *Courir pour mieux vivre*[12].

De leur côté, certains de nos olympiens, comme Jacqueline Gareau ou l'unique et spectaculaire Marcel Jobin, se sont plu à publier des livres de nature plus autobiographique que technique, relatant leur parcours et leurs exploits.

Dans le domaine scientifique, on a vu paraître à cette époque un certain nombre d'ouvrages tels que ceux de François Perronet, chercheur à l'Université de Montréal, portant entre autres sur l'alimentation du marathonien. Signalons aussi les œuvres populaires et très intéressantes de Richard Chevalier sur la correction des défauts et la prévention des blessures en course à pied.

Nous sommes d'avis que les publications américaines de l'époque menaient souvent au surentraînement des coureurs. Bien entendu, les auteurs recommandaient de s'entraîner, pas de se défoncer (*Train, don't strain*) ; pourtant, dans les faits, force est de constater que les programmes étaient fondés sur le principe du *no pain, no gain* (*pas de progrès sans douleur !*). Comme on l'a vu, la situation a évolué, et bien que beaucoup de croyances et de préceptes en vigueur au cours de la première vague courent toujours, ils ne sont plus représentatifs du sport.

9 DAWS Ron, *Running Your Best*. The Stephen Green Press, 1985, 288 pages, p. 201.
10 FRED Lebow, *Gloria Averbuch and friends*. Complete Book of Running, Random House, New York 1992, 683 pages.
11 NOAKES Tim, *The Lore of Running*, Leisure Press, Illinois, 1986, 804 pages.
12 MALLÉJAC, Jo. *Courir pour mieux vivre*, Éditions Baudinière, Paris, 1980.

Le contenu de ce livre est exempt de ce travers. Les programmes qu'il propose ne risquent pas de vous conduire au surentraînement. Ils préconisent plutôt une méthode d'entraînement qu'on pourrait qualifier de douce.

Il ne s'agit pas pour autant de retourner en arrière et de faire fi de l'aspiration qu'ont les coureurs de s'améliorer et d'aller plus vite, plus aisément et plus loin. Il y a belle lurette qu'on a compris que de toujours courir lentement sur de longues distances n'est pas le meilleur programme pour progresser. En suivant cette méthode douce éprouvée, vous améliorerez vos performances comme des milliers d'autres avant vous.

Nous sommes d'avis qu'il fallait un livre pour accompagner les coureurs de la deuxième vague. Ce livre, vous le tenez entre vos mains. Il s'adresse à vous, coureurs ou marcheurs d'aujourd'hui, débutants ou avancés.

Encore un mot sur ce que ce livre n'est pas. Comme vous le constaterez, nous n'avons pas cherché à renouveler les encyclopédies sur l'entraînement de la course à pied, comme d'autres l'ont fait en Europe à la faveur de la deuxième vague.

Ainsi, Serge Cottereau, dont l'*Encyclopédie pratique du jogging* en est sa 9e édition[13], a mis en ligne un nouveau titre, *Bien-être et jogging*, qui « revoit et complète la pratique du jogging avec un bond en avant de 20 ans[14] ». Jusque-là, pas de problèmes, me direz-vous. Voici cependant le point de vue de l'auteur sur le contenu et la perspective de cette mise à jour.

« L'auteur y développe tout ce qui – le jogging et bien d'autres choses – peut aider à améliorer notre bien-être, afin non seulement de réaliser de meilleures performances si on le souhaite, mais d'être mieux dans sa tête, – (...) de nous conserver le plaisir de vivre et la faculté de jouer avec son corps, avec ses cinq sens, d'en jouir, de courir avec aisance et plaisir sans presque limite d'âge ![15] »

Rien que ça !

Quant à nous, nous ne proposons pas de recettes du bonheur ! Nous ne prétendrons pas vous offrir « tout ce qui peut améliorer votre bien-être », mais bien plutôt une philosophie de l'entraînement, des programmes de course à pied (et de marche) éprouvés par des milliers de coureurs au Québec depuis 30 ans. Nous n'avons pour toute ambition que de vous faire part d'une approche qui correspond au « vrai monde », aux personnes qui ont une vie active et qui pratiquent la course à pied.

13 COTTEREAU,Serge. Encyclopédie pratique du jogging, Vigot, Paris, 1998, 488 pages.
14 http://www.serge-cottereau.com/livre/presentation/
15 Ibid.

CE QUE VOUS TROUVEREZ DANS CE LIVRE

DES CONSEILS FONDÉS SUR L'EXPÉRIENCE ET LIVRÉS SUR LE TON DE LA CONSULTATION PRIVÉE

Nous avons voulu vous transmettre notre vision de l'entraînement du coureur des années 2000, nous adresser à vous avec le point de vue d'un entraîneur-conseil, toujours actif. Ne vous attendez pas à un exposé théorique complexe, ni à des termes savants ou à des concepts très compliqués. Vous n'aurez pas besoin de calculatrice ni de rendez-vous dans un laboratoire pour comprendre nos explications !

Nous aurions pu intituler ce livre *Les conseils du coach*, car il s'agit effectivement de cela. Vous y découvrirez des conseils et des exemples d'expériences tirés du terrain, communiqués clairement et en toute simplicité.

UNE PHILOSOPHIE DE L'ENTRAÎNEMENT

On trouvera dans la première partie du livre une présentation détaillée de l'approche qui fonde tous les programmes d'entraînement – une véritable philosophie de la course à pied –, que résume bien le titre du volume. En prenant le temps nécessaire pour s'en approprier le contenu, tous les coureurs apprendront à faire le meilleur usage possible des programmes d'entraînement.

DES PROGRAMMES D'ENTRAÎNEMENT

La deuxième partie du livre propose aux coureurs de tous les niveaux des programmes d'entraînement pour les épreuves du 5, 10 et 21,1 km, ainsi que pour le marathon.

Une section est destinée aux débutants qui se joignent à la deuxième vague ou le feront prochainement. Ils y découvriront trois programmes de huit semaines. Le premier a pour objectif d'amener le débutant à faire 45 min de marche rapide 3 fois par semaine, le deuxième à incorporer des segments de course lente aux séances de marche rapide et le troisième à courir 20 min sans pause 3 fois par semaine.

DES OUTILS DE PLANIFICATION ANNUELLE DE L'ENTRAÎNEMENT

Planifier sa saison est aussi important que de choisir son programme d'entraînement. Les programmes suggérés pour les distances allant du 5 km au marathon s'agencent de manière à laisser une grande flexibilité aux coureurs réguliers quant à la planification de leur année. Nous vous offrons une façon de faire et des outils efficaces pour planifier votre saison d'une manière productive et excitante.

UN GUIDE POUR LES COUREURS AVANCÉS

En plus de bénéficier de la philosophie et des programmes proposés dans le présent ouvrage, les coureurs avancés y trouveront des conseils particuliers ainsi qu'un tableau exclusif et inédit des rythmes d'entraînement. Ils pourront ainsi adapter les grilles d'entraînement à leur propre situation tout en respectant la philosophie d'entraînement préconisée.

UNE BOÎTE À OUTILS

Finalement, la troisième partie du livre se présente comme un coffre à outils éminemment pratique. Elle se divise en chapitres clairs et succincts qui répondent sans détour aux mille et une questions techniques que les nouveaux coureurs se posent au sujet des vêtements, de l'alimentation, des étirements, de l'entraînement complémentaire, de la course à pied chez les enfants, etc. En tout, 12 questions y sont abordées, auxquelles on trouvera des réponses simples fondées sur le gros bon sens et la réalité, vérifiées par l'expérience, faciles à comprendre et surtout à appliquer. Bref, tout ce qu'il faut pour réduire le stress des coureurs !

Courir au bon rythme. La simplicité du titre et des programmes ne doit tromper personne.

Les athlètes qui suivent ces programmes se distinguent généralement par la persistance de leur activité *et* leur progression continue à moyen et long terme. Ils courent... au bon rythme ! Qu'ils soient débutants ou coureurs d'élite.

Joignez-vous donc à nous...

Départ dans 10, 9, 8 ...

1:00,00

UNE PHILOSOPHIE DE L'ENTRAÎNEMENT

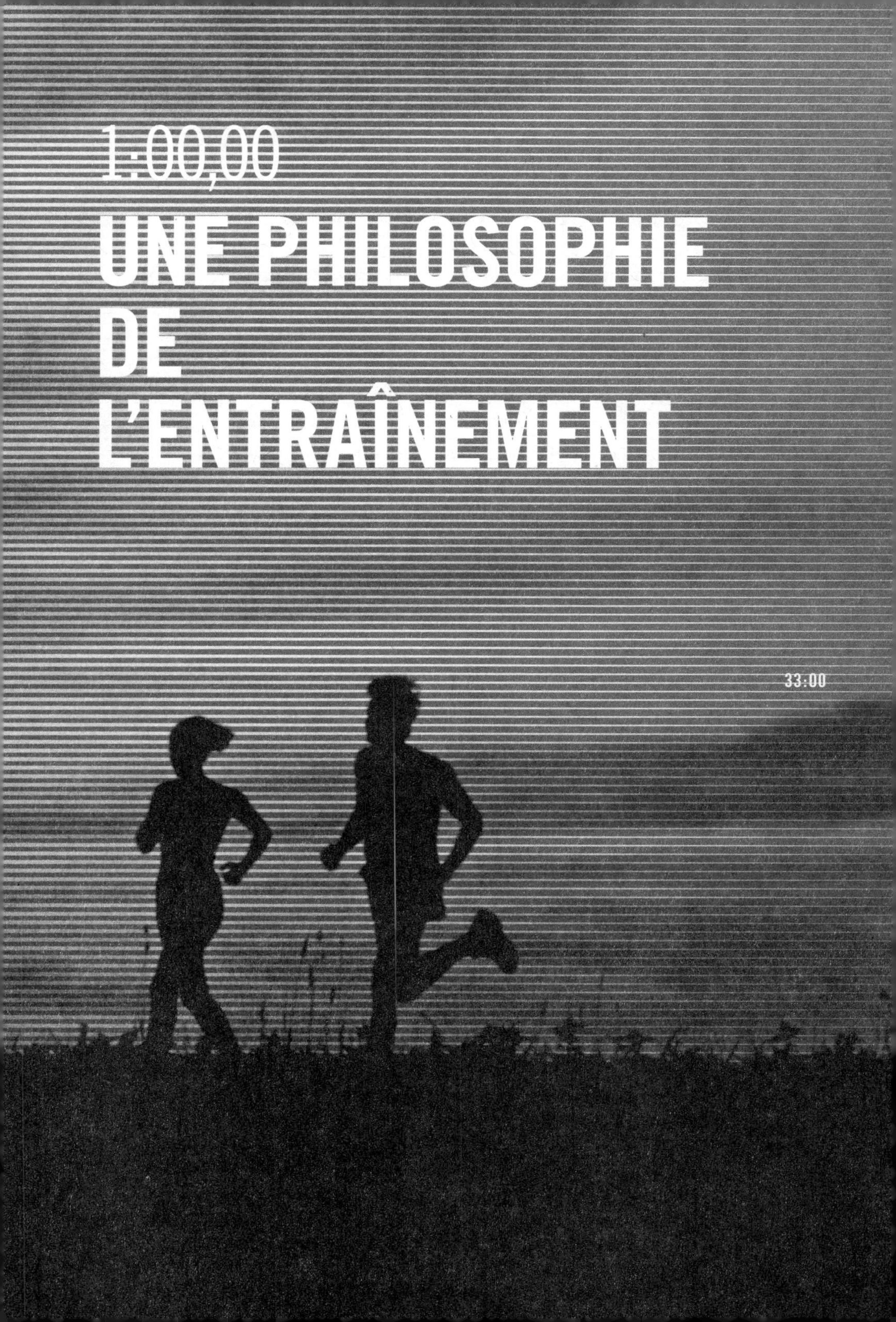

LES CLÉS DU SUCCÈS

Courir, c'est naturel, pratique, bénéfique et plaisant!

Courir est une bonne affaire! Vous le savez, vous le faites! Il n'y a rien de plus naturel que de courir. Nous avons tous couru quand nous étions petits et il nous arrive encore de courir quand nous pratiquons certains sports.

Tout le monde peut le faire! En combinant la marche et la course, comme nous vous le proposons dans ce livre, vous y arriverez qui que vous soyez, jeune ou âgé, homme ou femme. Comme le disait la publicité d'une marque de chaussures bien connue : « T'as rien qu'à le faire! »

La course à pied est sans doute le sport le plus accessible de tous. Pas besoin d'équipement compliqué ni de compagnon de jeu. Une bonne paire de chaussures, quelques vêtements adéquats et vous voilà prêt. À moins que vous ne vouliez courir avec un ou plusieurs autres coureurs – ce qui ajoute au plaisir… la plupart du temps.

C'est pratique!

Pas besoin de prendre l'auto ou le métro pour se rendre au gymnase ; il n'y a qu'à sortir de chez soi ou du travail. C'est ce qui explique probablement pourquoi, tant de personnes du monde des affaires et de tous les secteurs de la société pratiquent la course à pied, pendant leurs pauses ou avant et après les heures de bureau, même lorsqu'ils sont en déplacement à l'étranger.

En plus, on n'y passe pas toute la soirée! Il y a 24 heures dans une journée et 7 jours dans la semaine. Quand vous aurez couru 4 heures sur 7 jours, vous n'y aurez encore consacré que 2 % de la semaine. D'accord, 5 % en comptant l'échauffement, le retour au calme, la douche et la récupération!

Mais c'est un 5 % bien placé! Un investissement important pour votre santé, votre bien-être et votre qualité de vie, car vous améliorerez la condition de votre système cardiovasculaire et augmenterez vos capacités pulmonaires.

Voici quelques-uns des bénéfices reconnus de la pratique régulière de la course à pied :

- vous vous sentirez mieux, moins stressé, moins anxieux ;
- vous aurez meilleure apparence ;
- vous aurez une meilleure estime de vous ;
- vous perdrez progressivement du poids ;
- vous gagnerez en énergie, en endurance et en confiance ;
- vous augmenterez vos capacités à pratiquer tout autre sport.

Très tôt, vous découvrirez que la course apporte des bienfaits insoupçonnés sur le plan du moral. Elle apporte calme, paix et détente. Tous les coureurs réguliers vous le confirmeront. Pour plusieurs, la séance de course à pied représente un moment privilégié de la journée pour réfléchir, rêvasser, s'évader, bref elle est l'occasion d'une espèce de méditation active!

Finalement, est-il besoin de le rappeler? La course contribue au développement de nouvelles habitudes et elle s'intègre parfaitement dans un régime de vie sain.

LA PERSÉVÉRANCE EST LA PREMIÈRE CLÉ DU SUCCÈS

Il ne faut qu'une seule conviction pour courir: celle de pouvoir le faire! Et comme vous le constaterez, toute personne *qui le désire* peut y arriver; peu importe son âge, sa taille ou son poids. Vous trouverez dans ce livre un programme qui correspond à votre situation et qui vous ouvrira les portes de la pratique de ce sport de manière sécuritaire et intéressante. On devient un coureur en courant et on le devient avec le corps qu'on a. Il faut « faire avec », mais tout est possible. Il suffit de vouloir et de commencer en suivant nos conseils.

En fait, on peut tracer un parallèle entre investir dans sa santé et investir dans l'achat d'une maison! Pour rembourser une hypothèque, il faut effectuer chacun des paiements même s'ils paraissent avoir peu d'effets sur le solde. On continue à honorer ses paiements et à vivre sa vie sans s'en soucier outre mesure! Or, au bout d'un moment, tous ces versements ont un effet bien tangible sur le bilan.

Il en va de même pour l'amélioration de votre forme physique. Il ne faut pas escompter obtenir immédiatement des résultats spectaculaires. Cependant, ne négligez pas vos entraînements, faites-en une habitude et persistez. Vous verrez que vos efforts et ces beaux moments de marche et de course en plein air auront finalement un effet positif sur vous, votre corps, votre santé et votre attitude devant la vie. Autre bonne nouvelle, c'est que, contrairement aux hypothèques, vous verrez la différence bien avant la fin du terme!

Imaginez donc, en entreprenant votre programme de course, que vous faites un investissement, que avez contracté une hypothèque de 8, 14 ou 22 semaines. Commencez vos paiements, séance d'entraînement par séance d'entraînement, vous deviendrez d'ici peu l'heureux propriétaire d'un corps en bonne santé!

La persévérance est une belle qualité. Elle est cependant un peu sèche. Persévérer, c'est se convaincre, devant les difficultés, qu'il faut continuer, même si cela ne nous plaît pas. Il y aura sûrement des jours qui exigeront de vous une telle attitude. Mais pour maintenir la flamme sans devoir recourir continuellement à la raison et au devoir, rien ne vaut une bonne dose de motivation.

CULTIVER SA MOTIVATION EST UNE ASSURANCE DE SUCCÈS

En fin de compte, vous pourriez vous inspirer d'un thème à la mode, par les temps qui courent et vous demander comment lutter contre le décrochage… sportif ? Comment faire pour qu'une fois engagé dans votre programme d'entraînement, vous ne décrochiez pas ? Pas si simple comme question ! Ce dont vous pouvez être sûr, c'est que tant que vous tenterez de vous entraîner « parce qu'il le faut », sans y trouver votre compte, votre plaisir et votre intérêt, les facteurs favorisant le décrochage, resteront élevés.

Les coureurs les plus motivés sont ceux qui… *aiment* courir et marcher. Ils ont expérimenté à quel point la plupart de leurs sorties sont énergisantes et parfois même grisantes. Le temps passé à la marche et à la course devient rapidement un moment privilégié de leur journée, qui leur procure un sentiment d'équilibre et de paix de l'esprit. Ils savourent le privilège d'avoir accédé à ce secret souvent plus important et motivant que les résultats observés dans le miroir ou sur le pèse-personne (bien que cela ne soit pas du tout à négliger !).

Quelques trucs tout de même :

La marche et la course doivent toujours être agréable. Adoptez donc un programme d'entraînement à votre portée. Ne soyez pas impatient et ne sautez pas les étapes. Commencez où vous en êtes. Si le programme d'entraînement que vous avez choisi correspond à vos capacités, vous aurez de la facilité à vous adonner à vos sorties et à relever le défi des séances exigeantes, et cela, c'est stimulant et motivant ! Le voyage compte autant que la destination !

Le succès engendre le succès. Faites le compte et savourez vos succès au fur et à mesure que vous vous entraînez. Compléter un premier programme d'entraînement de 8 semaines, c'est tout un succès mais parvenir à courir trois fois en une semaine, c'en est aussi un autre, tout comme courir un peu plus longtemps qu'on ne l'a jamais fait. Réussir un entraînement appréhendé pour son intensité est encore un succès.

Félicitez-vous et engrangez les succès. Car le succès engendre le succès. Repensez avec plaisir au fait que ce qui vous paraissait difficile il y a tout juste un mois vous semble beaucoup plus facile aujourd'hui ; faites le total des semaines que vous comptez à votre actif dans votre programme. N'en manquez pas une seule ! Il n'y a pas de mal à regarder en arrière pour mieux apprécier le chemin parcouru. Gardez les yeux sur ce que vous faites et sur la façon dont vous vous sentez, et encouragez-vous !

Le plus dur, c'est de commencer. À tous les points de vue ! Les premières semaines d'entraînement sont toujours les plus difficiles, car nous changeons alors nos habitudes de vie. Et puis, il y aura des occasions où toutes les excuses seront bonnes pour ne pas aller courir. Vous serez « fatigué », « préoccupé », il ne fera « pas assez beau », ce sera « trop froid », « trop chaud », « trop beau » ! C'est normal. Rappelez-vous que la plupart du temps vous ne traînerez pas longtemps ces doutes avec vous. Une fois que vous aurez mis le nez dehors (les deux pieds aussi), que vous serez lancé, vous replongerez dans votre univers sportif et l'exercice aura tôt fait de chasser toutes ces défaites. Vous n'en serez que plus motivé une fois que vous aurez vécu cette expérience dont témoignent tous les coureurs. Un bon truc : dites-vous que vous irez quand même, mais que vous réduirez votre entraînement de moitié. La plupart du temps, vous oublierez ce compromis et continuerez jusqu'au bout !

Plus on en prend l'habitude, plus c'est « facile ». Pas seulement en raison de la force de l'habitude. C'est la recherche du plaisir que procure l'exercice qui entre très vite en jeu ; un plaisir toujours plus vivant et plus vrai. Vous voudrez y revenir au plus tôt. Combien de temps faudra-t-il pour que vous aussi vouliez y revenir au plus vite ? Cela dépend de vous, évidemment, mais après cinq ou six mois d'entraînement régulier, vous y aurez pris goût une fois pour toutes !

COURIR AU MOINS TROIS FOIS PAR SEMAINE

Pour devenir un coureur, il faut courir (ou marcher) ! Comme le dit le vieil adage : *C'est en forgeant qu'on devient forgeron*. On a beau être en forme et pratiquer d'autres sports, il faut courir ou marcher un minimum de trois fois par semaine pour obtenir des résultats. Il faut miser sur la régularité. C'est essentiel et incontournable. On ne devrait jamais laisser passer une semaine sans faire au moins trois séances d'entraînement, que l'on soit débutant ou avancé. On ne reprend jamais le temps perdu.

Le corollaire de cette règle : ne jamais passer plus de deux jours sans s'entraîner. Il faut répartir les sorties à peu près également dans la semaine. Tous nos programmes observent cette règle.

Ces règles nous gardent d'une autre tentation : celle de faire du *deux en un* ou du *trois en un* ; c'est-à-dire de combiner deux ou trois séances d'entraînement en une seule.

Ce n'est pas que ces entraînements de rattrapage n'auraient aucune conséquence positive (à moins que vous n'y laissiez vos forces, vos muscles et votre motivation). C'est seulement que l'effet d'entraînement qu'ils procurent n'est pas le même et surtout qu'il sera vite dissipé et neutralisé par les jours d'inactivité du reste de la semaine. Somme toute, les effets de l'inactivité sont plus dommageables. Il vaut donc mieux courir quatre fois pendant 30 minutes dans une semaine que deux fois pendant 1 heure.

Évidemment, quand on augmente les distances et qu'on acquiert de l'expérience, il faut courir plus souvent. La plupart de nos programmes prévoient quatre séances par semaine. Selon mon expérience, ces quatre séances hebdomadaires procurent le meilleur rendement de l'investissement. C'est à ce rythme que le dosage entre le repos et le stress de l'entraînement produit les résultats les plus probants.

Nous n'avons proposé une cinquième sortie hebdomadaire aux coureurs les plus performants, engagés à courir le marathon en 3 heures. Il est généralement reconnu que le fait de passer de quatre à cinq sorties rapporte beaucoup moins que de passer de trois à quatre par semaine. En outre, la cinquième sortie réduit considérablement le temps de repos et de récupération entre les sorties, ce qui est rarement souhaitable pour la grande majorité des coureurs. C'est pourquoi nous recommandons aux athlètes de se conformer au programme lorsqu'il suggère de se limiter à quatre sorties par semaine, quitte à faire, s'ils le désirent, un entraînement cardio complémentaire à la place d'un cinquième entraînement ordinaire. En général, la meilleure garantie de succès consiste à suivre le plus fidèlement possible les indications du plan d'entraînement.

ÉVITER L'IMPROVISATION

Vous allez investir tellement d'efforts dans vos entraînements au fil des jours, des semaines, des mois et des années que pour en tirer le maximum, il vous faut un plan que vous êtes en mesure de suivre, qui vous convient et qui a fait ses preuves.

Il faut éviter l'improvisation. Suivez votre plan d'entraînement et vous obtiendrez du succès. Quelques mesures d'improvisation jetées ici et là peuvent ruiner des mois d'efforts.

Ne croyez pas que cela est exagéré. Comment pouvez-vous améliorer votre condition physique et vos performances si vous êtes sur le dos ? Si vous avez subi une blessure ? Comment demeurer motivé si des blessures chroniques reviennent vous hanter dans les moments critiques, à chaque fois que vous vous apprêtez à franchir un nouveau plateau ? Comment continuer à courir si l'exercice devient pénible et intolérant ?

Nous l'avons dit, c'est en courant qu'on devient un coureur. Ne manquez pas de patience et investissez dans le long terme. Ainsi, comme dans la fable de La Fontaine, la tortue qui avance lentement mais sûrement... ira plus loin que le lièvre, toujours à l'arrêt.

ADOPTER UN PROGRAMME D'ENTRAÎNEMENT.

Il peut sembler paradoxal de parler de la nécessité de suivre un programme pour s'entraîner à courir alors qu'il s'agit d'une activité toute naturelle que l'homme pratique depuis la nuit des temps. C'est en effet l'un des nombreux paradoxes de la course à pied devenue sport de masse.

Un programme d'entraînement, c'est une manière d'encadrer la pratique du sport au moyen d'une progression structurée de la fréquence, du volume et de l'intensité des séances d'entraînement, de manière à ce qu'un coureur parte d'un point A et parvienne à un point B. Suivre un programme d'entraînement demeure la meilleure façon d'éviter l'improvisation et de trop en faire.

Nous vous proposons des programmes d'entraînement fiables et modernes, conçus pour les coureurs de la deuxième vague. Ces programmes représentent la synthèse d'une dizaine de programmes d'entraînement publiés au Canada, aux États-Unis et en Europe. Ils s'appuient sur les constantes qui s'en dégagent et me paraissent sûres à la lumière de mon expérience d'entraîneur et d'athlète. Concrètement, nous avons examiné, ce que disent ces programmes au sujet de l'entraînement d'un coureur débutant et d'un coureur plus expérimenté pour les épreuves du 5 km au marathon : quel est le rythme proposé pour l'entraînement ? le volume de travail ? le nombre de sorties hebdomadaires ? les distances et le rythme recommandés pour le travail en intensité ?

Cette synthèse et le fruit de notre expérience se trouvent donc au cœur des programmes d'entraînement que nous vous proposons dans ce volume.

À quoi reconnaît-on un bon programme ? Au fait qu'il fonctionne, mais surtout qu'il vous convient année après année, qu'il peut évoluer avec vous. Un bon programme doit présenter des défis à relever tout en proposant des cibles suffisamment accessibles et raisonnables pour que l'expérience de courir et de s'entraîner demeure agréable.

Des dizaines de programmes issus de la première vague sont encore offerts dans les livres, les magazines et sur Internet. Loin de nous l'idée de prétendre que tel ou tel programme n'est pas bon ou devrait être mis au rancart. Ce que nous vous proposons, c'est une approche et une philosophie précises sur lesquelles reposent ces programmes d'entraînement.

Si vous décidiez de ne pas profiter de nos programmes, nous vous conseillons d'en choisir un autre, mais un seul autre et de le suivre jusqu'au bout. De la même manière, si vous adoptez un des programmes d'entraînement que nous vous proposons dans le présent ouvrage (ce que l'on vous recommande fortement), suivez-le assidûment. N'écoutez pas les conseils de Pierre, Jean et Jacques qui vous suggèrent d'ajouter une pincée de ceci ou de combiner tel élément de tel programme avec tel ou tel autre. Il est très dangereux de butiner d'un programme d'entraînement à un autre sans jamais en terminer un. C'est là une forme d'improvisation qui pourrait s'avérer improductive. Faites donc des essais si vous le désirez, mais persévérez jusqu'à la fin dans chaque cas.

Rappelez-vous qu'il faut résister à la tentation d'amender une recette, surtout lorsqu'elle est gagnante. Les promesses peuvent sembler alléchantes, mais une chose demeure avec certitude: en suivant une recette inadéquate, le gâteau risque de ne pas lever du tout.

Il faut donc avoir la patience d'évoluer progressivement et la sagesse de choisir le programme d'entraînement qui convient au niveau atteint et aux objectifs poursuivis.

En fin de compte, un bon programme, c'est un programme qui *vous fait courir au bon rythme*. Chaque programme d'entraînement apporte sa réponse à la question de savoir quel est le bon rythme pour vous entraîner. Nous apportons la nôtre dans les programmes et la philosophie d'entraînement qui sont proposés.

Et en quoi consiste courir au bon rythme ?

COURIR AU BON RYTHME

Vous voilà engagé ou prêt à vous engager dans un programme d'entraînement, à marcher et à courir. Qu'attendez-vous de votre entraînement ? Désirez-vous qu'il vous permette progressivement de courir...

- plus facilement ?
- plus rapidement ?
- plus longtemps ?
- toutes ces réponses.

C'est à votre portée. En fait, tout cela se produira si vous apprenez à *courir au bon rythme*.

L'ENDURANCE FONDAMENTALE ET LE TRAVAIL EN INTENSITÉ

En fait, tout peut paraître tellement simple. Pour progresser à la course à pied, il vous faudra développer votre endurance et accroître votre vitesse. Les deux sont pratiquement indissociables.

À cette fin, les programmes vous proposeront de courir à différents rythmes et de vous adonner, en gros, à deux types d'entraînement. Dans une proportion de 70 % de votre temps hebdomadaire d'entraînement, vous allez courir à un rythme dit d'endurance fondamentale. Pour le reste, vous vous exercerez à des rythmes supérieurs dans le but d'augmenter votre conditionnement, votre endurance et votre vitesse. L'un ne va pas sans l'autre.Nous parlerons d'endurance fondamentale et de travail en intensité dans cette section et la suivante.

L'essentiel étant de faire vos entraînements *au bon rythme*.

Nous pouvons vous le confirmer dès maintenant et vous le garantir. Si, à l'entraînement, *vous respectez les rythmes qui correspondent à votre niveau de forme* actuel, tels que nous les proposons dans ce livre, vous allez courir *au bon rythme* en endurance fondamentale, et ce faisant vous aurez déjà réussi la moitié du programme.

Facile, n'est-ce pas ?
Oui, et très important. Incontournable même.

PARLONS D'ENDURANCE FONDAMENTALE

Dans la langue de la course à pied, l'expression anglaise qui désigne le rythme de l'endurance fondamentale est *steady state*. C'est en ces termes qu'en parlait Benoît Leduc. De son côté, Jo Malléjac propose l'équivalent français de *rythme d'infatigabilité*, alors que d'autres parlent tout simplement d'*équilibre aérobie*.

Quelle que soit l'appellation, *tous* les programmes d'entraînement y font référence, sans exception. C'est une question pratique d'une telle importance qu'elle demeure la préoccupation numéro un de tous les athlètes et de tous les entraîneurs depuis toujours. Quel est le bon rythme d'entraînement en endurance fondamentale pour un coureur de tel ou de tel niveau ?

Avant de vous faire part de la réponse très concrète que nous proposons, examinons comment les coureurs ont été conseillés sur ce point dans le passé. Nous distinguerons deux approches traditionnelles de la question: la perception de l'effort et le rythme cardiaque.

ÉVITER DE COURIR AU FEELING

On a souvent suggéré aux coureurs de s'appuyer sur leur propre perception de la fatigue pour déterminer s'ils couraient au bon rythme, en endurance fondamentale. Certains programmes s'appuyaient sur la fameuse échelle de perception subjective de l'effort de 1 à 10 et l'érigeaient en système pour concevoir des programmes d'entraînement et définir leurs rythmes d'entraînement. On disait par exemple, que telle séance d'entraînement devait se dérouler à un rythme correspondant à un niveau d'exhaustion correspondant à 7 sur une échelle de 1 à 10.

Plusieurs coureurs qui suivaient (et qui suivent encore aujourd'hui) des programmes fondés sur cette approche ont souffert (et souffrent encore) de leurs conséquences. Cette approche conduit à la répétition d'un phénomène très répandu. La plupart des coureurs n'ayant pas d'entraîneurs, ne suivent pas un programme bien dosé et judicieusement choisi en fonction de leur niveau de forme, et ils courent trop vite à l'entraînement.

Jean-Yves Cloutier le sait, il en a fait l'expérience en tant qu'athlète et entraîneur :

« Quand je suis arrivé au Club Regina Mundi en janvier 1979 et que je me suis mis à courir avec les meilleurs du Québec, je me suis aperçu que mes héros, les Alain Bordeleau et Philippe Laheurte, couraient moins vite que moi durant les entraînements encadrés par Benoît Leduc. Pourtant, ils obtenaient des résultats supérieurs aux miens en compétition ! Je me suis donc ajusté et j'ai ralenti le rythme durant les entraînements, conseillé en cela par l'entraîneur Benoît Leduc. Résultat ? Je suis entré au Club Régina Mundi avec un record personnel de 8 : 52 s au 3 000. En 1983, j'arrêtais le chrono en 8 : 38 s pour la même distance. L'un des éléments clés de cette progression fut justement de courir au bon rythme en endurance fondamentale. »

En tant qu'entraîneur, j'ai conseillé à plusieurs de réduire de 30 s/km leur rythme d'entraînement en endurance fondamentale parce qu'il était trop élevé. En s'entraînant au bon rythme en endurance fondamentale, la plupart de ces athlètes ont pu dépasser le plateau atteint et établir par la suite de nouvelles marques personnelles.

POURQUOI EN EST-IL AINSI ?

C'est que la plupart des coureurs ont l'impression qu'ils n'en font pas assez. Ils se sentent obligés de pousser la machine tous les jours. On remarque la même chose chez beaucoup de cyclistes qui pratiquent la course à pied. Plusieurs n'en ont que pour la performance à tout prix et en toutes circonstances. « Ça passe ou ça casse – *vas-y, tu es capable !* » Voulant tirer le maximum de ses entraînements, on est faussement tenté de croire qu'avec un rythme d'entraînement accru, on obtiendra de meilleurs résultats. Ce n'est pas toujours vrai. Il faut courir *au bon rythme*, et non pas toujours à son rythme le plus rapide !

Voici une illustration de ce que nous entendons par *courir au feeling*. Les coureurs tendent naturellement à ajuster leur rythme de croisière à la longueur prévue de l'entraînement. Ceux qui se basent sur leur perception de l'effort font le raisonnement suivant : si je n'ai que 30 min à faire aujourd'hui, je peux me permettre d'aller plus vite. En d'autres mots, ces coureurs varient leur rythme d'entraînement en fonction de la distance qu'ils ont à parcourir durant la séance. Ce faisant, ils ne courent pratiquement *jamais* à leur véritable rythme d'endurance fondamentale. Cette mauvaise habitude ne peut que nuire à leur récupération.

Un exemple illustrera mon propos. Prenons un coureur qui parcourt un marathon en 4h, soit au rythme de 5 min 40 s au kilomètre. Il est fort à parier qu'en entraînement, il a couru et couru encore des kilomètres à *cette* vitesse et qu'il la confond avec son rythme d'endurance fondamentale. Il se dit que s'il a pu courir pendant 4h à ce rythme, c'est qu'il était véritablement en équilibre aérobie et qu'il avait atteint son rythme d'*infatigabilité*. Or, en réalité, il a couru ce marathon à une vitesse de compétition, celle du marathon, désignée par R2 dans notre jargon (*nous y arrivons dans un instant*), alors que son rythme en endurance fondamentale, le R1, se situerait plutôt à 6 minutes 10 secondes par kilomètre. En courant au *au feeling*, il a donc couru à répétition à un rythme de 30 s plus vite par kilomètre que son véritable rythme d'entraînement en endurance fondamentale.

Ajoutons encore un ingrédient supplémentaire à cette recette empoisonnée. Beaucoup de programmes d'entraînement de la première vague commandaient une augmentation très (trop) rapide du volume de travail au fil des semaines. Selon la tendance décrite précédemment, les coureurs se dirigent à coup sûr vers de sérieux problèmes si, en plus de ne pas respecter leur rythme d'entraînement en endurance fondamentale, ils augmentent trop vite le volume hebdomadaire de travail et, de ce fait, la longueur de leurs séances d'entraînement.

LA FRÉQUENCE CARDIAQUE

Tous les ouvrages s'entendent à peu près sur une définition voulant que le rythme d'endurance fondamentale corresponde à un rythme de course dans lequel la fréquence cardiaque du coureur s'élève et demeure entre 60 et 70 % de sa fréquence cardiaque maximale.

On ne compte plus le nombre de programmes qui se sont appuyés sur cette définition pour laisser aux coureurs le soin d'établir eux-mêmes le rythme d'entraînement correspondant à cette fréquence cardiaque. Néanmoins, le problème demeure entier pour déterminer la fréquence cardiaque maximale d'un individu.

La plupart s'appuient sur la formule classique établie en 1954 par Astrand et Ryhming à partir d'une étude statistique sur l'ensemble de la population. Des années durant, on a argumenté *ad nauseam* cette formule voulant que le rythme cardiaque maximal d'un coureur à l'entraînement soit fonction de son âge. Tout le monde se souvient de la petite équation. 220 – l'âge pour les hommes et pour les femmes 226 - l'âge = fréquence cardiaque maximale *théorique* ».

La fréquence cardiaque maximale d'un homme de 50 ans était ainsi établie à 170. Il lui suffisait alors de s'entraîner à un rythme variant entre 102 et 119 battements à la minute (60-70 % de la FCM). Et le tour était joué.

Cette formule fait tout bonnement dépendre de l'âge d'une personne la définition du rythme cardiaque maximal. C'est donc dire que tous les hommes de 35 ans habitant la Terre auraient la même fréquence cardiaque maximale: grands, petits, sous-alimentés, obèses et joufflus, minces et rachitiques, athlètes de haut niveau et sportifs de salon, hockeyeurs et footballeurs... Or, nous savons très bien par expérience qu'au moins 10 % des coureurs de tous âges et de tous niveaux ont un rythme cardiaque plus élevé au repos que la moyenne des gens de leur âge. Cette formule a donc des limites.

Le deuxième problème est de compter ses battements, et de savoir à quel moment on doit les prendre pour vérifier si l'on s'entraîne au bon rythme. Immédiatement après l'effort ? 10 à 15 secondes après l'effort ? Pendant l'effort ? En outre, doit-on arrêter de courir pour prendre son pouls ? Et encore faut-il les compter avec précision, ses pulsations !

Enfin, le troisième problème et de déterminer le rythme d'entraînement qui correspond réellement au nombre de battements à la minute calculé. Doit-on simplement attendre après l'entraînement ou en son beau milieu pour vérifier que l'on coure au bon rythme ?

LA MONTRE FRÉQUENCEMÈTRE

La montre fréquencemètre apporte une solution pratiquement complète au problème de la mesure de la fréquence cardiaque pendant l'entraînement. Il s'agit d'un appareil très utile de plus en plus répandu. Nous proposons une marche à suivre dans un article de la « Boîte à outils » (Voir p. 145) pour exploiter pleinement le potentiel de cet instrument au cours des programmes d'entraînement que nous préconisons.

QUEL EST DONC MON RYTHME D'ENTRAÎNEMENT EN ENDURANCE FONDAMENTALE?

La solution que nous proposons est simple. Elle ne se fonde pas sur vos rêves ni sur vos aspirations, vos désirs ou vos souhaits. Non. Pour savoir à quelle vitesse vous entraîner *aujourd'hui*, vous devez la régler sur *votre* forme actuelle, *votre* valeur réelle, *aujourd'hui*. La course à pied est un sport de chrono! Le meilleur indicateur de votre forme actuelle, c'est encore un chrono, qui serve de *valeur de référence* illustrant avec précision votre niveau de forme actuel. Un chrono,c'est une valeur de référence concrète, précise, incontestable. L'idéal, c'est donc de disposer d'un chronométrage *récent* obtenu à la faveur d'une épreuve de 5, 10, 21,1 km ou d'un marathon. Tout l'édifice de nos programmes repose sur *ce* temps de référence.

Concrètement, il vous suffit de consulter le tableau du Rythme d'entraînement en endurance fondamentale (Voir p. 46) pour connaître le rythme qui correspond réellement à votre situation. Vous y arriverez à partir de votre valeur de référence ou d'un chronométrage récent. Le tableau vous renseigne sur votre rythme d'entraînement en endurance fondamentale, peu importe la distance pour laquelle vous vous entraînez.

Il suffit de repérer dans la colonne de gauche votre plus récent chronométrage à une épreuve sur une des quatre distances (choisissez le meilleur si vous avez deux résultats récents). Vous trouverez, dans les colonnes de droite, sur la même ligne, votre rythme d'entraînement en endurance fondamentale, **votre R1**, exprimé en min par km et en km/h. Vous trouverez aussi dans les deux autres colonnes de droite les temps de passage correspondant à votre R1, au 100 m et au 400 m.

Voir tableau, page suivante.

RYTHME D'ENTRAÎNEMENT EN ENDURANCE FONDAMENTALE

NIVEAU	SI VOUS AVEZ RÉUSSI RÉCEMMENT CE CHRONO OU QU'IL CORRESPOND RÉELLEMENT À VOTRE NIVEAU DE FORME ACTUEL	VOICI QUEL EST VOTRE RYTHME D'ENTRAÎNEMENT EN ENDURANCE FONDAMENTALE, VOTRE R1	À CE RYTHME, VOICI QUELS SONT VOS TEMPS DE PASSAGE	
			AU 100 MÈTRES	**AU 400 MÈTRES**
A	**MARATHON : 3h05:00** **21,1 km : 1h28:00** **10 km : 40:25** **5 km : 19:35**	4:55 min/km (12,2 km/h)	29,50	1:58
	MARATHON : 3h15:00 **21,1 km : 1h33** **10 km : 42:30** **5 km : 20:15**	5:10 min/km (11,6 km/h)	31,00	2:04
	MARATHON : 3h30:00 **21,1 km : 1h40** **10 km : 45:00** **5 km : 21:00**	5:30 min/km (10,9 km/h)	33,00	2:12
	MARATHON : 3h45:00 **21,1 km : 1h47:00** **10 km : 47:30** **5 km : 22:30**	5:50 min/km (10,2 km/h)	35,00	2:20
B	**MARATHON : 4h00:00** **21,1 km : 1h55:00** **10 km : 50:00** **5 km : 23:45**	6:10 min/km (9,7 km/h)	37,00	2:28
	MARATHON : 4h15:00 **21,1 km : 2h02:00** **10 km : 53:20** **5 km : 25:00**	6:35 min/km (9,1 km/h)	39,50	2:38
	MARATHON : 4h30:00 **21,1 km : 2h09:00** **10 km : 56:40** **5 km : 26:40**	7:00 min/km (8,5 km/h)	42,00	2:48
	MARATHON : 4h45:00 **21,1 km : 2h16:00** **10 km : 60:00** **5 km : 28:15**	7:25 min/km (8,1 km/h)	44,50	2:58
	MARATHON : 5h00 **21,1 km : 2h23:00** **10 km : 64:10** **5 km : 30:00**	7:50 min/km (7,6 km/h)	47,00	3:08
	MARATHON : 5h15:00 **21,1 km : 2h31:00** **10 km : 68,20** **5km : 32:10**	8:15 min/km (7,3 km/h)	49,50	3:18

EST-IL NÉCESSAIRE DE PARTICIPER À UNE COMPÉTITION DE COURSE SUR ROUTE?

Participer à une compétition est le moyen le plus sûr de mettre à jour ou d'établir votre *véritable* niveau de forme actuel.

Participer à une course sur route, c'est goûter «au dessert et aux épices» de l'entraînement. Bien entendu, vous pourriez faire un essai tout seul dans votre coin sur un parcours mesuré. Mais rien n'égale l'expérience et l'élan que procure la participation à une épreuve de course sur route.

Participer à un des 150 événements de course sur route organisés au Québec chaque année, c'est faire l'expérience du caractère unique de ce sport. En effet, quel autre sport place sur la même ligne de départ un champion coureur et des coureurs de tous les jours (ses admirateurs) pour la même épreuve ? Pas les Jeux olympiques ni le hockey ou les sports d'équipe ; pas le golf (bien qu'il soit possible de jouer sur les mêmes parcours si la fortune le permet) ni le cyclisme. Seule la course sur route offre une telle possibilité.

L'autre avantage, c'est que le fait de s'inscrire à une course, de s'y rendre, de vibrer à l'unisson de l'activité fébrile qui y règne, d'enfiler son dossard, de côtoyer tous ses pairs, aussi nerveux que soi, de se préparer comme il le faut et de prendre le départ au bon moment, tout cela fournit une giclée d'adrénaline nombreux sont ceux qui n'en soupçonnent pas l'intensité.

Résultat, vous êtes transporté par la compétition. Résultat habituel, vous vous surpassez et vous donnez le meilleur de vous. Contrairement à ce qui se passe fréquemment, les coureurs de tous les jours ne sont pas en concurrence avec des adversaires bien qu'on ait déjà vu de petites rivalités amicales devenir intenses... La compétition se joue dans votre esprit. C'est vous contre vous. C'est vous qui vous mesurez à votre meilleur chronométrage et qui cherchez à vous dépasser. Participer à une épreuve sur route, c'est aussi éprouver la joie de vivre cette formidable expérience en communion avec tous les autres coureurs participants.

QUE FAIRE SI ON N'A PAS DE TEMPS DE RÉFÉRENCE ?

En attendant d'établir un chronométrage, une valeur de référence qui vous permette d'établir avec précision vos rythmes d'entraînement, vous devrez vous rabattre sur votre perception de l'effort. Après quelques semaines d'entraînement vous pourrez appliquer la méthode suivante de manière presque satisfaisante.

Quel est le signe que vous courrez en endurance fondamentale ? Être en mesure, à tout moment de votre entraînement de tenir une conversation à voix haute ou, encore mieux, de chanter ! Oui, oui, de chanter ! Si vous ne pouvez entamer le refrain après un seul couplet, c'est que vous allez trop vite ! Blague à part, rabattez-vous sur cette méthode tant et aussi longtemps que vous ne disposerez pas d'un temps de référence.

Avec les programmes que nous proposons, cette lacune ne devrait pas durer plus de huit semaines, car un test vient presque toujours couronner huit semaines d'entraînement.

Si vous en êtes à votre première participation à une épreuve de course sur route, retenez que l'idéal est de courir plus rapidement la deuxième partie de l'épreuve que la première. Ce qui souligne l'importance de partir au bon rythme. Par ailleurs, tenez toujours compte du dénivelé du parcours ainsi que de la température ambiante.

Il se peut que vous deviez participer à deux ou trois compétitions sur une même distance avant de vous sentir à l'aise, de vous connaître assez pour établir votre vraie valeur. Ne vous surprenez pas si vos premiers résultats sont un peu en deçà de vos attentes, cela fait partie de l'apprentissage.

Si votre temps de référence vous place entre deux lignes du tableau, choisissez la ligne correspondant à une performance inférieure à vos résultats. Il vaut mieux s'entraîner au-dessous de son niveau qu'au-dessus.

ET SI MES CHRONOS NE FIGURENT PAS AU TABLEAU ?

Dans notre jargon, vous faites partie des coureurs avancés. Dans la deuxième partie de ce livre, un chapitre complet vous est consacré. Vous y verrez comment adapter les grilles d'entraînement et vous entraîner en suivant la philosophie préconisée. Vous y trouverez aussi un tout nouveau tableau exposant les rythmes d'entraînement qui conviennent à vos chronométrages, du R1 au R4.

IL ME SEMBLE QUE C'EST LENT COMME RYTHME D'ENTRAÎNEMENT !

Eh oui ! Pas moins de 80 % des coureurs réagissent ainsi quand ils constatent à quel rythme ils devraient s'entraîner ! La proportion des coureurs qui courent trop vite à l'entraînement est probablement aussi la même !... Il faut absolument que vous vous affranchissiez de cette crainte de ne pas en faire assez qui hante la grande majorité des coureurs. En réalité, une bonne majorité en fait *trop*, court *trop* vite sur de *trop* longues distances et augmente *trop* rapidement le volume à l'entraînement.

C'est justement ce qui a conduit de nombreux coureurs, croyons-nous, à abandonner la course à pied à la fin de la première vague. Ils couraient trop vite et en ressentaient de la fatigue. L'idée de ne pas en faire assez ne devait pas les aider non plus ! On peut penser à coup sûr que pendant longtemps cette mentalité a élevé des obstacles à la participation de bien des gens aux courses et à l'entraînement. Heureusement, il semble que justement plusieurs soient revenus à la course avec une approche différente et qu'ils aient ainsi contribué à l'essor de la deuxième vague de coureurs. Profitons de ce retour en masse de la participation des coureurs pour les aiguiller sur le bon rythme d'entraînement.

CHAQUE JOUR N'EST PAS UNE ÉPREUVE !

S'entraîner, ce n'est pas relever un défi ou faire une compétition chaque jour ! L'objectif d'un entraînement n'est pas de « se défoncer » ! Il s'agit de conditionner progressivement le corps à l'exercice et aux efforts de la course sur route. Le mot clé, ici, est *progressivement*. Oui, et même encore plus progressivement que cela !

Au moins 70 % du temps d'entraînement se déroule en endurance fondamentale, au rythme 1 que vous venez d'établir à l'aide du tableau. Oui, à ce rythme, vous devez courir sans vous fatiguer, en équilibre aérobie, sans qu'il soit le moindrement difficile de prendre part à une conversation.

C'est durant l'autre proportion de 30 % de votre volume hebdomadaire que vous déploierez certains efforts, c'est-à-dire que vous serez appelés à courir plus rapidement – à des rythmes que vous pouvez *déjà* soutenir et que vous pourrez maintenir beaucoup plus longtemps que les performances attendues. Nous y reviendrons dans la prochaine section.

Nous le répétons. Vous vous *entraînez*, vous conditionnez votre corps ; vous l'habituez à courir. Vous ne cherchez pas à l'épuiser ! Et si la majorité des entraînements s'effectuent à un rythme qui vous paraît facile, n'allez pas croire que vous n'en tirez rien ou que vous ne progressez pas. Au contraire, c'est justement là qu'il s'accomplit. Le corps apprend, vous vous sentez de plus en plus à l'aise de *courir* et de suivre le programme. C'est *tout* ce que vous devez faire.

Croyez-nous, si vous suivez ce rythme d'entraînement chaque fois que les programmes prescrivent de courir au rythme 1, la moitié du travail sera déjà accompli et vous aurez l'*assurance* de connaître un franc succès. Respectez ce rythme d'entraînement et vous assurerez de 50 % de votre réussite.

COMMENT VAIS-JE PROGRESSER SI JE RESTE TOUJOURS À L'INTÉRIEUR DE MES LIMITES ?

D'abord, il ne faut pas oublier que c'est la *combinaison* des 70 % du volume de travail en endurance fondamentale *et* des 30 % du volume de travail en intensité, dont nous parlerons plus loin, qui est votre garantie de succès. *Pas la proportion contraire* !

Ensuite, n'oublions pas qu'à certains moments de votre entraînement vous prendrez part à une compétition. Vous irez mesurer votre progression et évaluer réellement votre niveau de forme dans le cadre d'un test qui fait partie intégrante de votre entraînement. Après quatre ou huit semaines d'entraînement, vous le verrez dans les programmes, nous vous inviterons à participer à une compétition de course à pied.

Ce sera l'occasion pour vous de vous surpasser. De donner votre 110 %, comme on dit. Et que se passera-t-il alors si vous avez suivi le programme d'entraînement ? Vous vous sentirez pleinement capable de pousser la machine. Ce sera d'ailleurs le moment de le faire.

Le principe, c'est donc de garder votre maximum d'énergie pour le jour J. Comme le disait Jo Mallêjac à qui voulait bien l'entendre : « On remue la bouteille de champagne pour que le bouchon explose au moment attendu ! » N'allez donc pas commettre l'erreur typique des débutants, qui s'imposent un test à grande vitesse trois jours avant la compétition… question de se rassurer. Tout ce qu'ils font, c'est y laisser leur énergie. Ayez confiance dans votre entraînement et suivez-le jusqu'au bout !

Il vous arrivera régulièrement, surtout au début, d'établir de nouvelles marques, d'obtenir des chronométrages de référence supérieurs à ceux qui vous ont servi à établir votre rythme d'entraînement en endurance fondamentale. Vous poursuivrez alors votre entraînement en suivant le même programme, mais à un nouveau rythme d'entraînement, un nouveau R1, qui correspondra à votre valeur actuelle, bien réelle.

CE N'EST PAS QUE VOUS ÊTES INCAPABLE DE COURIR PLUS VITE !

Dans tous les sports, on distingue la compétition et l'entraînement. Il faut faire de même en course à pied !

En s'entraînant à un rythme qui correspond réellement à l'endurance fondamentale, plusieurs coureurs pensent qu'ils ne se rendent pas justice et qu'ils ne courent pas à la hauteur de leur talent. Ils savent avec raison qu'ils peuvent courir plus vite, mais ils pensent à tort que pour progresser, ils doivent courir plus vite que leur rythme d'endurance fondamentale.

On constate, par exemple, que plusieurs nouveaux coureurs du club ont tendance à courir trop vite à la maison. Généralement, ces athlètes de tous les niveaux courent à une vitesse que nous appelons R2 (le rythme marathon – que nous verrons un peu plus loin). Leur progression s'en ressent. Comme Jean-Yves se plait à le dire, ils courent *au feeling*.

La conséquence de toujours courir à ce rythme se fera sentir tôt ou tard et rattrapera le coureur dans le détour. L'apparition de la fatigue, la stagnation de la progression, parfois même la perte de l'intérêt et du goût de s'entraîner menacent les coureurs qui exigent trop d'eux-mêmes plutôt que de laisser l'entraînement produire progressivement son effet...

LA COURBE DE PROGRESSION

Peu importe l'âge auquel vous entreprenez l'entraînement, peu importe votre condition physique, vos antécédents sportifs ou votre morphologie, vous ressentirez des changements importants si vous vous entraînez. Il n'y a pas de doutes possibles.

Et ces effets s'accumuleront au fil des années. Toutes les études sur la progression des coureurs à l'entraînement le confirment. Il semble que la progression, dans des conditions normales, soit généralement plus importante au cours des quatre premières années d'entraînement. Non pas qu'elle cesse par la suite, mais il est de fait que la courbe de progression devient alors beaucoup moins prononcée.

Les bons entraîneurs conçoivent des programmes qui suivent une certaine courbe de progression. Ils veillent aussi à ne pas compromettre artificiellement la progression des athlètes en empruntant des raccourcis et en adoptant une vision à court terme. Ils savent que la course à pied est un sport dans lequel on ne peut pas tricher, ni sauter des étapes sans avoir à en payer le prix, et parfois fort cher.

Nos programmes sont ainsi conçus.

Il est facile de faire progresser un coureur outre mesure en lui imposant un programme d'entraînement énergique qui ne réfrène en rien sa propension à s'entraîner à des rythmes trop rapides dans l'espoir d'obtenir des résultats plus vite. Les excès de cette sorte ne sont malheureusement pas rares.

De jeunes talents sont découverts et sont « poussés » par des entraîneurs qui ont une vision étroite de leur développement, qui pestent contre le manque de reconnaissance du milieu ou qui cèdent parfois à l'ambition de parents impatients d'obtenir un succès spectaculaire et instantané. Les petites réussites initiales suscitent des glorioles enivrantes, mais tout aussi éphémères qu'illusoires. Le manège peut durer un an, deux ans, trois au maximum.

Puis, soudainement, la réalité reprend le dessus. Le coureur exceptionnel, qui progresse au rythme d'un programme d'entraînement mal dosé, commence graduellement à manquer de gaz. À plus ou moins brève échéance, il se retrouve aux prises avec des problèmes de surentraînement qui se traduisent par des petits bobos quand ce ne sont pas des blessures chroniques qui coupent court à son entraînement. Le découragement conduit alors à l'abandon et alimente le discours défaitiste de certains selon lequel la course serait un sport nuisible à la santé, voire dangereux.

Nos programmes sont conçus pour les sportifs qui ont une vie. Le « vrai monde », les gens qui ont une vie active, des responsabilités, souvent des enfants, un travail et parfois un conjoint ! Nos programmes ont de la chair. Ils ne sont pas désincarnés dans des chiffres et des résultats scientifiques. Ce sont littéralement des milliers de personnes – qui les ont suivis avec succès, et de plus en plus de gens le font chaque année. Après tout, nous n'avons pas tous la chance de faire la sieste entre deux entraînements quotidiens, comme le font souvent les athlètes internationaux.

Nos programmes sont intentionnellement marqués du sceau de la prudence. Ils tiennent compte de la fatigue inhérente à la vie trépidante de notre temps. Ils ne se limitent pas à l'application de théories de l'entraînement abstraites et à la mode, difficiles à comprendre. Ils sont bien dosés et s'appuient sur une courbe de progression logique. Ainsi, il y a toujours une place pour l'amélioration. Les programmes tiennent compte de la fatigue normale de la vie de tous les jours, des gens normaux qui s'adonnent à la pratique du sport pour leur bien-être. Ne vous laissez donc pas tromper par vos impressions et ayez confiance dans le programme que vous adopterez. Nous pouvons presque vous donner la garantie que si vous suivez ces programmes à la lettre et respectez à chaque séance votre rythme de course en endurance fondamentale, vous progresserez et atteindrez tous vos objectifs.

LA MAGIE DES RÉPÉTITIONS

Abordons maintenant cette partie de l'entraînement que plusieurs considèrent comme la crème sur le gâteau: le travail en intensité, lequel, comme vous le savez bien maintenant, occupera 30 % de votre temps d'entraînement hebdomadaire.

Lorsqu'on fait des répétitions, on court sur des distances courtes à des rythmes plus élevés que celui de l'endurance fondamentale. Ces séquences rapides s'insèrent à l'intérieur d'une séance qui se déroule en endurance fondamentale. On intercale donc entre les séquences rapides des périodes de récupération plus ou moins longues en endurance fondamentale. Ne vous en faites pas, nous examinerons tout cela dans le détail avant que vous vous lanciez dans les programmes d'entraînement!

Ce type de course exige naturellement plus d'efforts qu'une séance courue au rythme de l'endurance fondamentale. Les segments courus à plus grande vitesse imposent un stress auquel l'organisme doit répondre en s'y adaptant. Contrairement à ce qui se produit durant les sessions courues en endurance fondamentale (en R1), le travail en répétitions perturbe quelque peu l'équilibre aérobie, parce que le rythme est alors plus rapide et que les pulsations s'en trouvent augmentées.

L'adaptation de l'organisme se fait sur deux plans principaux. Sur le plan mécanique, l'organisme s'habitue à courir plus rapidement et cherche à y arriver plus facilement. Vous constaterez, par exemple, que la deuxième répétition semble souvent plus facile à terminer que la première. Ensuite, c'est tout le système de transport de l'oxygène du corps qui travaille et apprend à récupérer rapidement de tels efforts. Il y a conditionnement de l'organisme à ces demandes musculaires et cardiovasculaires qui rendent le coureur plus apte au fil du temps à assimiler de nouveaux rythmes de course et à les soutenir avec toujours plus de facilité.

L'ENTRAÎNEMENT FRACTIONNÉ POUR LES COUREURS SUR ROUTE

En athlétisme, le travail de vitesse s'accomplit habituellement sur la piste. On compte aujourd'hui de plus en plus de coureurs sur route qui ont l'occasion de courir sur la piste ou sur un parcours mesuré durant la saison et qui en tirent habituellement de très grands bénéfices en s'y adonnant au moins une fois par semaine. C'est ce que font notamment les membres du Club Les Vainqueurs chaque mardi depuis 1982. Revenons à nos répétitions. Sur piste, nous encadrons l'entraînement de nos athlètes en déterminant :

– le nombre de répétitions à réaliser ;
– la distance précise à franchir ;
– le temps précis qu'ils devront y mettre ;
– un temps de pause et de récupération entre les répétitions.

Adapté à la course sur route, ce travail en intensité prend la forme de répétitions qui s'insèrent dans une séance d'entraînement en continu qui débute et se termine au rythme de l'endurance fondamentale, R1. La description des répétitions à insérer dans la séance d'entraînement comprend:

– le nombre de répétitions à exécuter ;
– le rythme à adopter à chaque répétition ;
– la durée de chaque répétition ;
– le temps de récupération en R1 entre chaque répétition.

Ainsi que nous l'avons vu, l'adaptation de l'organisme a surtout lieu *entre* les portions courues rapidement. Pour en profiter pleinement, le coureur doit revenir au rythme de base de l'endurance fondamentale, en R1 entre chaque portion rapide. Les répétitions, en raison de leur rythme, tendent à dérégler quelque peu l'équilibre aérobie, caractéristique du rythme de l'endurance fondamentale. On comprend dès lors tout le travail d'adaptation que pareil exercice sollicite. Le coureur doit s'adapter à ce rythme et récupérer de cet effort tout en courant en R1. Si l'on ajoute à cela les difficultés dues aux dénivelés sur le parcours, à la résistance du vent et au temps qu'il fait, on tient en main tous les éléments clés d'un entraînement en intensité réussi.

Les progrès spectaculaires résultant de cette méthode d'entraînement vous surprendront. L'organisme apprend à surmonter des obstacles et accroît sa capacité à maintenir le R1. Sa capacité d'aller plus vite ou de courir plus longtemps augmente elle aussi progressivement, comme vous le constaterez par vous-même lors de vos prochaines compétitions. Naturellement, il convient d'insister là-dessus, vous n'en tirerez réellement tous les bénéfices que si vous vous conformez scrupuleusement aux rythmes d'entraînement qui correspondent à vos capacités. Il faut également courir les répétitions *au bon rythme !*

LES QUATRE RYTHMES D'ENTRAÎNEMENT

Nos programmes font référence à quatre rythmes d'entraînements. Dans la section précédente, nous nous sommes penchés amplement sur le rythme 1, celui de l'endurance fondamentale, et nous avons vu comment établir le rythme en fonction d'un chronométrage effectué au cours d'une épreuve de 5, 10, 21,1 km ou d'un marathon.

Voici la définition des autres rythmes d'entraînements : Le R2 correspond au rythme par kilomètre pour la distance du marathon. On tire son R3 et son R4 de chronométrages récents établis en compétition ou en test respectivement sur 10 et 5 km. Plus précisément, le R3 équivaut à la vitesse moyenne au kilomètre correspondant au chronométrage obtenu lors d'une course de 10 km. Quant au R4, c'est la vitesse moyenne au kilomètre, obtenue par un chronométrage pris au cours d'une course de 5 km.

Vous trouverez, avant chaque programme d'entraînement présenté dans la deuxième partie de ce livre, un tableau indiquant les rythmes du R2 et du R3, exprimés en min par km et en km/h, de même que ceux du R4, le cas échéant, qui correspondent au rythme de votre R1, donc de votre endurance fondamentale. Cette grille est reprise avant chaque programme d'entraînement pour toutes les distances. Il suffit donc de localiser dans la colonne indiquée R1 la valeur de votre R1 pour trouver sur la ligne correspondante vos rythmes d'entraînement personnels R2, R3 et, le cas échéant, R4.

30 % DE TRAVAIL EN INTENSITÉ, C'EST SUFFISANT !

Cette proportion de votre entraînement que vous consacrerez au travail en intensité est amplement suffisante pour produire les résultats escomptés. D'abord, c'est tout de même environ le tiers de la durée de tous vos entraînements hebdomadaires. Ce n'est pas rien. Ensuite, il ne faut pas succomber aux inquiétudes que nous avons évoquées au sujet du rythme d'entraînement en endurance fondamentale. Faites taire la petite voix qui vous enjoint d'en faire plus et d'enfreindre les rythmes prescrits. Ce n'est pas parce qu'une chose est bonne à 30 % qu'elle deviendra meilleure à 60 %! Bien au contraire. Suivez ces programmes. Vous verrez, les résultats vous étonneront.

DÉVELOPPER SON SENS DU RYTHME

Le débutant éprouve souvent de la difficulté à « sentir » qu'il court bien au rythme recommandé. Nous avons vu comment la perception de l'effort était bien mauvaise conseillère pour les mauvais juges que nous sommes dans la définition du R1. La même chose s'applique encore, sinon davantage, en R2, R3 et R4.

Quelques façons d'éviter de vous lancer à des rythmes inadéquats :

POURQUOI PAS LA PISTE ?

La piste reste le moyen le plus sûr et le plus efficace pour développer son sens du rythme en course à pied. Quatre cents mètres, bien divisés en quatre parties égales. On peut ainsi facilement ajuster sa foulée et son rythme jusqu'à franchir les distances par tranches de 100 m avec la précision d'un métronome et permettre à ses membres et à sa mémoire kinesthésique d'enregistrer le tout. Vous y arriverez après quelques sorties. Voilà pourquoi nous avons ajouté des colonnes indiquant le temps de passage au 100 m et au 400 m qui correspondent au rythme de votre R1. Faites les calculs nécessaires pour connaître vos temps de passage au 100 mètres et au 400 mètres qui correspondent à chacun de vos autres rythmes d'entraînement : R2, R3 et R4.

Aménagez un parcours balisé sur une route que vous fréquentez régulièrement.

Ce parcours, qu'il n'est pas nécessaire de mesurer au mètre près, devrait surtout vous permettre de déterminer votre rythme à quelques reprises sur 100 ou 400 m. Vous devriez ainsi pouvoir vérifier que vous courez toujours au bon rythme. Un vélo muni d'un bon odomètre vous permettra de mesurer et de baliser votre parcours.

L'AUTRE SOLUTION : UN PEU DE JUGEMENT

Et si tout cela vous était impossible ? Vérifiez alors toujours si vous êtes parti au bon rythme quand vous faites des répétitions. Pourriez-vous tenir cette vitesse en R4, par exemple, pour toute la durée d'une épreuve de 5 km, soit de 20 à 35 minutes pour la grande majorité d'entre vous ? Posez-vous la même question lorsque vous vous lancerez en R3 – pourriez-vous tenir ce rythme pendant 10 km, soit entre 40 et 60 minutes ? Si à la fin de chaque répétition, vous êtes à bout de souffle, c'est que vous ne pourriez probablement pas tenir et que vous allez trop vite. Ce faisant, vous détournez votre entraînement de ses objectifs et vous jouez avec le feu.

Bien entendu, nous ne sommes pas des métronomes. Et, parfois, nous pouvons nous inspirer du style d'entraînement qu'on appelle *Fartlek*, qui signifie jeu de vitesse, en parcourant les différentes séquences rapides minutées sans trop se soucier de la précision de son rythme. Tout le monde le fait. Mais soyez prudents ! N'en prenez pas l'habitude, faites-en un événement plus occasionnel qu'habituel. Profitez plutôt des compétitions pour vous lancer avec moins de retenue à la recherche d'un nouveau temps de référence ou d'un nouveau record personnel de distance. Au risque de me répéter, courir *au feeling* n'est pas une stratégie gagnante à moyen terme et peut vous amener au surentraînement.

GARDEZ LA FORME !

De petits détails au cours du travail en intensité peuvent faire une différence, faciliter votre progression et réduire les risques de blessures. Examinons quelques aspects de votre tenue de route:

Courez droit devant! C'est le premier conseil que plusieurs entraîneurs donnent aux débutants et ce n'est pas parce qu'ils titubent sous l'influence de matières illicites ! Il s'agit tout simplement de se rappeler que tous les segments qui participent à la foulée doivent bouger vers l'avant, perpendiculairement aux hanches. Que la jambe, le pied, le genou restent dans le même axe et pointent tout droit vers l'avant, donc le moins possible vers l'intérieur ou l'extérieur de la droite imaginaire que tracent nos déplacements.

Restez détendu. Malgré les efforts. Plus vous serez détendu, plus votre progression en sera facilitée. Baissez les épaules, desserrez les poings ; vous n'avez pas non plus à grimacer et à serrer les dents comme le célèbre triple champion olympique de 1952, Emil Zatopek. Imaginez que vous tenez enroulé entre votre index et votre pouce, dans chaque main, un précieux parchemin qu'il ne faut pas froisser ni écraser...

Balancez les bras. Il ne s'agit pas d'imiter les sprinters, mais de reconnaître que le mouvement des bras participe de manière très importante à la fluidité, à la souplesse et à l'efficacité de votre foulée. Pensez plutôt ski de fond et marche nordique. Le bras et l'avant-bras forment un angle de près de 90 degrés. La main devrait venir frôler l'os iliaque de la hanche, ce qui poussera le coude vers l'arrière. Contrairement au cas des sprinters, c'est l'action du coude vers l'arrière qui seconde le déploiement de la foulée. Trouvez votre équilibre en fonction de votre vitesse et de votre morphologie.

Du rythme, encore plus de rythme. Pensez à la danse. Suivez un rythme ! Apprenez à le maintenir sans effort avec le plus de régularité possible. Chantez et dansez, que diable !

N'allongez pas exagérément votre foulée. Chacun de nous, en dernière analyse, a son propre style. Rien ne sert de chercher à atteindre le style parfait. Vous risquez de vous blesser. La vitesse de votre progression est, bien entendu, fonction de la longueur de votre foulée et du nombre de vos foulées à la minute. Souvent, d'ailleurs, c'est ce deuxième facteur qui joue le rôle le plus important (il suffit de faire un peu de mathématiques). Pour allonger votre foulée, poussez plutôt davantage vers l'arrière. Si votre jambe est trop projetée vers l'avant, vous risquez de provoquer un choc très improductif, de briser le rythme de votre course et, à la longue, de vous blesser. Une meilleure impulsion et un atterrissage maîtrisé, lors de la pose du pied sur le sol, sous le centre de gravité du corps, peuvent faire toute la différence.

L'EFFET DU VIEILLISSEMENT SUR LE COUREUR

Après vous avoir annoncé la bonne nouvelle que peu importe votre âge ou votre condition physique, votre progression devrait normalement se révéler rapide et continue durant les quatre premières années d'entraînement, il est temps de faire face à une autre réalité, mieux connue celle-là, sous certains aspects : l'effet de l'âge et du vieillissement sur le coureur de fond.

Jusqu'à 32 ans, on est en progression ; l'âge n'a pas encore vraiment de conséquences, mais c'est environ à cet âge que l'on atteint un sommet. Par conséquent, vous avez réellement avantage à atteindre le sommet le plus élevé possible avant cet âge !

Si vous courez depuis plusieurs années, il est normal qu'à partir de 40 ans, votre performance diminue légèrement. Elle diminuera davantage à 50 ans et encore à 60, 70 ans. Voilà pourquoi tous les organisateurs de compétitions reconnaissent désormais que les catégories d'âge, à compter de 35 ans, ou en tout cas de 40, sont indispensables. Ce n'est pas un caprice de *petit vieux* ! Au contraire. Il faut comparer des pommes avec des pommes et des oranges avec des oranges. Après 40 ans, on ne peut plus espérer maintenir ou répéter les performances de ses meilleures années. On doit se comparer uniquement avec les autres de son âge et en tirer une source de motivation!

La course à pied est un sport vraiment particulier ! Il s'agit sans doute du seul sport dans lequel les participants ont hâte de vieillir ! De fait, un grand nombre de coureurs ont hâte d'avoir 40 ans pour grimper les échelons dans une nouvelle catégorie d'âge où ils pourront remporter des prix !

Vieillir n'empêche pas de progresser ! Saviez-vous, par exemple, que le coureur Rolland Michaud a établi son record personnel de 3 h 53 min au marathon à l'âge de 64 ans, après quelques 7 années d'entraînement et une vie presque entière de sédentarité et de tabagisme ?

L'exemple des joueurs de hockey illustre parfaitement la courbe de l'effet du vieillissement sur les performances sportives. Vous avez déjà remarqué que la plupart prennent leur retraite vers l'âge de 35 ans... justement au moment où ils commencent à perdre une partie substantielle de leur masse musculaire. Ils ne sont plus au sommet de leur forme et ont de la difficulté à suivre la cadence. C'est normal.

Certes, parmi les joueurs de hockey, quelques exceptions poursuivent leur carrière jusqu'à 40 ans. Il faut dire qu'ils avaient sur les autres des avantages génétiques remarquables. Ce sont nos supervedettes, comme Raymond Bourque, Mario Lemieux et leurs semblables, qui ont bénéficié d'une excellente forme physique et ont su en tirer profit. Ils font partie des exceptions qui survivent aux effets du vieillissement quelques années de plus que les autres. Vient malgré tout un moment où l'âge rattrape même les surdoués.

Tout n'est donc pas terminé chez le coureur dans la quarantaine! Son entraînement contribue à réduire l'impact du vieillissement sur sa santé et ses performances. C'est pourquoi on voit aussi des coureurs expérimentés qui continuent de s'entraîner après 60 et même 70 ans. Ils exploitent leur capital de coureur en le réaffectant presque exclusivement aux marathons, qu'ils collectionnent sans pour autant, espérer égaler les performances de leurs beaux jours. Mes amis Pierre Bourassa et Rosaire Gagné, qui ont couru plus de 100 marathons, en sont d'illustres exemples!

TROIS POINTS À SURVEILLER EN TOUT TEMPS

Et si la fatigue s'en mêle? Si vous ressentez de la fatigue pendant vos entraînements, ne courez pas tout de suite chez votre médecin de famille. Consultez votre carnet de bord et réfléchissez à ce que vous avez vécu au cours des dernières semaines, relativement à trois points fondamentaux: l'entraînement, le sommeil et votre alimentation.

Votre entraînement était-il bien dosé, progressif? Avez-vous augmenté le volume de votre entraînement récemment? Entrepris des activités nouvelles? S'est-il produit un changement dans vos habitudes? Corrigez la situation si vous mettez le doigt sur le problème. C'est ici que le carnet d'entraînement (voir la *Boîte à outils* p. 127 dans la *troisième partie* du présent livre) vous sera utile. Il vous aidera à repérer les tendances et les situations qui autrement pourraient sortir de votre mémoire: changement de terrain, de routine de course, de programme ou d'étapes du programme. N'hésitez pas à ralentir, à apporter les correctifs nécessaires ou même à revenir en arrière à un niveau ou à une situation où vous n'éprouviez aucun problème.
Si vous ne décelez aucune cause possible dans d'éventuels changements à votre entraînement, passez à l'autre étape de votre investigation.

Votre sommeil. Dormez-vous bien? Dormez-vous assez? Jean-Yves recommande toujours à ses athlètes de se passer de réveille-matin. Quand on dort suffisamment et bien, on n'en a pas besoin pour se réveiller (même si ce n'est pas toujours évident). Mais s'il vous manque une ou quelques heures de sommeil chaque nuit, la carence grandit. Ce sommeil manquant ne se récupère pas dans la journée, il s'accumule et finit par vous rattraper.

Votre alimentation. Et si votre entraînement et votre sommeil sont adéquats, penchez-vous alors sur votre alimentation. Avez-vous bien ou mal mangé ces derniers jours? Et nous ne parlons pas de cures miracles ou du dernier régime à la mode lorsque nous parlons de bien manger. Simplement de faire preuve d'un peu de jugement pour estimer la situation et d'apporter les correctifs nécessaires pour vous remettre sur pied.

Mais si, à la fin, vous êtes tout de même fatigué alors que l'entraînement, le sommeil et l'alimentation semblent équilibrés, allez voir le docteur !

COMMENT PEUT-ON ÉVALUER SON ENTRAÎNEMENT ?

Si le dosage de votre entraînement vous convient, vous vous sentirez d'attaque avant le début de chaque entraînement. Cela signifie que vous aurez bien récupéré et que vous êtes réellement prêt pour une nouvelle séance.

Si, au contraire, vous ne respectez pas les rythmes d'entraînement qui vous conviennent, que vous vous laissez emporter ou que vous trichez, si vous avez adopté un programme qui ne vous convient pas, il y a fort à parier que vous vous présenterez souvent à un entraînement avec des petits bobos et un sentiment de fatigue. Ce sera le signe que vous n'aurez pas récupéré suffisamment et qu'il vaudrait peut-être mieux modérer vos transports.

En règle générale, veillez à toujours rester un peu sur votre appétit à la fin d'un entraînement. Cette retenue vous aidera à mettre la table pour le prochain!

AVANT DE COMMENCER

Encore un mot de prudence. Si vous approchez de la quarantaine et que vous avez été sédentaire pendant plusieurs années, il est fortement recommandé de consulter un spécialiste en médecine sportive afin d'obtenir son feu vert avant de commencer votre entraînement, même si vous étiez un athlète durant votre jeunesse.

Tout cela étant dit, il est désormais temps de passer à l'action!

2:00,00

LES PROGRAMMES D'ENTRAÎNEMENT

DÉBUTANTS, COUREURS RÉGULIERS ET COUREURS AVANCÉS

Dans cette partie, nous vous proposons des grilles d'entraînement et des conseils pratiques. Pour plus de commodité, nous en avons fait la présentation en nous adressant à trois niveaux de coureurs : les débutants, les coureurs réguliers et les coureurs avancés.

Indiquons tout de suite ce qui les distingue, vous saurez ensuite vous situer et choisir les programmes d'entraînement qui vous conviennent.

LES DÉBUTANTS

Les débutants ne courent pas encore ou ne courent pas beaucoup. Si vous ne pouvez pas courir pendant 20 min sans interruption à raison de 3 fois par semaine, cette section s'adresse à vous ! Vous y parviendrez progressivement grâce aux trois programmes qui s'y trouvent.

LES COUREURS RÉGULIERS

Les coureurs réguliers courent déjà 3 fois par semaine pendant au moins 20 min sans interruption. Si vous avez l'intention de participer à une course sur route de 5 ou 10 km, de 21,1 km (demi-marathon) ou à un marathon, cette section s'adresse à vous.

LES COUREURS AVANCÉS

Les coureurs avancés sont ceux qui obtiennent des résultats supérieurs à ceux des coureurs réguliers. En clair, leur chronomètre marque moins de 19 min 35 s pour un 5 km, moins de 40 min 25 s pour un 10 km, moins de 1 h 28 pour un demi-marathon et moins de 3 h 05 pour un marathon. Les conseils qu'on trouve dans cette partie s'adressent aussi aux coureurs qui se classent parmi les premiers 10 % de leur tranche d'âge dans les compétitions.

UN SURVOL DES PROGRAMMES D'ENTRAÎNEMENT

DÉBUTANTS

Trois grilles d'entraînement vous sont proposées. Lisez attentivement ce qui suit et adoptez le programme qui vous convient le mieux en fonction de votre niveau de forme actuel.

Programme 1 : Le programme de marche

Avant de commencer à courir, une personne devrait pouvoir faire 45 min de marche rapide sans interruption à raison de 3 fois par semaine. C'est un préalable. C'est l'objectif du premier programme.

Il s'agit d'un programme de remise en forme et de préparation à la pratique de la course à pied par la marche. D'une durée de 8 semaines, il intègre progressivement des répétitions de marche rapide aux séances de marche normale. Au bout de ces 8 semaines, vous aurez acquis la capacité de faire trois marches rapides de 45 min par semaine.

Programme 2 : Le programme de course lente

Ce programme commence là où le premier finit. Il permet de faire la transition entre la marche rapide et le jogging. D'une durée de 8 semaines, il a pour objectif d'intégrer progressivement aux séances de marche rapide des périodes de course lente, jusqu'à ce que vous soyez à même de courir 10 min en continu 3 fois par semaine.

Programme 3 : Le premier programme de course à pied

Il s'agit d'un programme simple, composé exclusivement de séances de course. En suivant ce programme d'une durée de huit semaines, les personnes capables de courir 10 min en continu arriveront à en courir 20, et ce 3 fois par semaine.

À la fin de ce programme, le coureur débutant aura tout ce qu'il faut pour entreprendre un des entraînements de course à pied destinés aux coureurs réguliers.

En résumé, trois programmes sont prévus pour les débutants :

Programme	Durée	Type d'activité	Objectif
Programme 1	8 semaines	Marcher rapidement	45 min en continu, 3 fois par semaine
Programme 2	8 semaines	Jogger	10 min en continu, 3 fois par semaine
Programme 3	8 semaines	Courir	20 min en continu, 3 fois par semaine

Certains débutants consacreront 24 semaines (en suivant les 3 programmes de 8 semaines) à leur remise en forme et à l'acquisition des préalables pour devenir des coureurs réguliers. D'autres se sentiront prêts dès le début à intégrer des pas de course à leurs séances de marche rapide. Ils adopteront le programme 2 (course lente) pour commencer. Leur remise en forme s'étendra sur 16 semaines (en suivant 2 des 3 programmes de 8 semaines), au bout de quoi ils seront en mesure de courir 20 min en continu, soit le préalable pour devenir des coureurs réguliers.

Certains encore, vous l'aurez compris, passeront directement à l'étape du programme 3 (courir 20 min). Leur remise en forme durera 8 semaines et les amènera à des séances de course de 20 min en continu 3 fois par semaine.

Peu importe votre situation, prenez votre temps ! En cas de doute, diminuez vos attentes et partez de plus loin. Il vaut mieux commencer en douceur, trouver cela « facile » au début et réussir à compléter un premier programme que de commencer en lion et de finir en mouton en raison d'un manque de préparation aux efforts exigés. Le succès engendre le succès. Donnez-vous des conditions gagnantes en faisant preuve de réalisme et en adoptant un programme qui convient réellement à votre situation – pas à celle du voisin ni à une image quelconque. Les 8, 16 ou 24 semaines que vous investirez ne seront pas perdues. À terme, elles vous seront très bénéfiques. Nous y reviendrons.

LES PROGRAMMES D'ENTRAÎNEMENT POUR LES COUREURS RÉGULIERS

Il s'agit de programmes d'entraînement conçus pour mener le coureur à participer à des compétitions de course à pied de 5 km, 10 km, 21,1 km (demi-marathon) et le marathon. On doit déjà courir 20 min, 3 fois par semaine avant d'en entreprendre un. Chaque programme comprend 10 niveaux. Il vous faudra choisir celui qui convient à votre niveau de performance. Ces 10 niveaux sont répartis entre les 2 groupes du programme: le groupe A comprend les 4 niveaux supérieurs, et le groupe B, les 6 niveaux inférieurs. On peut presque parler d'un programme personnalisé quand on offre une aussi grande fourchette de performances pour chacune de ces distances, puisque à chacun de ces niveaux correspond un volume d'entraînement précis.

Tous les programmes d'entraînement s'étendent sur 22 semaines. Ils se composent de deux blocs. Un premier bloc de 8 semaines constitue une période de mise en forme, préparatoire à une période d'entraînement spécifique de 14 semaines. Nous examinerons plus loin le fonctionnement de ces grilles et la relation entre les périodes dites de mise en forme et d'entraînement spécifique de chaque programme.

En un coup d'œil :

Distance	**Niveaux**	**Période 1** (Mise en forme)	**Période 2** (Entraînement spécifique)
5 km	Groupe A, 4 niveaux; Groupe B, 6 niveaux.	8 semaines	14 semaines
10 km	Groupe A, 4 niveaux; Groupe B, 6 niveaux.	8 semaines	14 semaines
21, 1 km (Demi-marathon)	Groupe A, 4 niveaux; Groupe B, 6 niveaux.	8 semaines	14 semaines
Marathon	Groupe A, 4 niveaux; Groupe B, 6 niveaux.	8 semaines	14 semaines

LES CONSEILS POUR LES COUREURS AVANCÉS

Pour ces coureurs, nous n'avons pas élaboré de programmes d'entraînement comme tels, mais plutôt une série de commentaires et de suggestions. En se fondant sur les principes de *Courir au bon rythme* et en adaptant un peu l'entraînement proposé, ces coureurs seront en mesure d'atteindre leurs objectifs et de s'améliorer. Par ailleurs, ils pourront se référer à la grille d'entraînement préparée à leur intention (Voir p. 123).

PROGRAMMES D'ENTRAÎNEMENT POUR LES DÉBUTANTS

PARTIR SUR DES BASES SOLIDES

L'enthousiasme du débutant ne se dément jamais ! Quand on s'apprête à faire ses premiers pas en course à pied, quand on y revient après plusieurs années, quand on a vraiment décidé de se refaire une santé, de se remettre en forme ou d'expérimenter une nouvelle activité sportive, on s'enflamme facilement et parfois on est mauvais juge des efforts qu'il convient de déployer et du rythme de sa progression.

Peu importe votre situation, il est important de partir sur de bonnes bases. La course est un sport « naturel », mais cela ne signifie pas pour autant qu'on puisse improviser et s'y lancer tête baissée. Guidé par votre seul enthousiasme, vous risquez de vous en demander trop, de vous fatiguer trop, d'en éprouver rapidement du désagrément, à moins que ce ne soient les blessures qui vous arrêtent et vous signalent qu'il y a surchauffe ! Consolider chaque étape de l'entraînement et de la mise en forme et se donner une base solide, c'est comme construire les fondations d'une maison.

En course à pied, on ne peut pas tricher et sauter les étapes sans en payer le prix fort. C'est pourquoi nous vous proposons trois programmes, très graduels, que nous allons maintenant examiner plus en détail. Ne vous fiez pas aux apparences. Ces programmes sont aussi importants et portent autant à conséquence que les autres qui conduisent à courir le 5 km ou un marathon.

PROGRAMME DE DÉBUTANT 1 : MARCHE RAPIDE DE 45 min (3 FOIS PAR SEMAINE)

Qu'est-ce que la marche rapide, vous demandez-vous ? C'est une marche exécutée à un rythme sportif, une marche qui parvient à vous faire sentir une légère augmentation des pulsations cardiaques, qui provoque un léger essoufflement. Ne courez pas ! Ne faites que marcher plus rapidement !

La marche rapide n'est pas la marche olympique ! Ne cherchez pas à imiter les Marcel Jobin, Guillaume Leblanc ou François Lapointe de ce monde ! Ce n'est pas nécessaire.

Si vous estimez avoir été sédentaire pendant trop de temps et que vous vous inquiétez de votre condition au moment d'entamer votre entraînement, il serait peut-être sage d'obtenir le feu vert d'un spécialiste en médecine sportive ou de votre médecin.

Tout ce qu'il vous faut maintenant, c'est de vous procurer de bonnes chaussures de course... même si vous n'entreprenez qu'un programme de marche ! Votre objectif est bien de commencer à courir dans 8 semaines ? Alors investissez maintenant dans une paire de chaussures de course (Voir *Trouver chaussure à son pied*, p. 135).

Même la marche rapide pourrait causer un léger essoufflement, au début. C'est normal. Ne vous menez pas à l'extrême. Vous devriez toujours pouvoir converser, même durant vos efforts en marche rapide. Si vous sentez que tel n'est pas le cas ou qu'il vous faut plus d'une minute après une ou des répétitions de marche rapide pour pouvoir vous entretenir avec quelqu'un, c'est probablement que vous avez tenté d'en faire un peu trop. Prenez votre temps !

Il se peut aussi que certains muscles vous rappellent leur existence après le début de vos entraînements. C'est aussi normal. Il faut y voir le signe d'un changement.

Vous devriez cependant vous sentir entièrement disposé à vous remettre à l'entraînement après 48 heures. Si tel n'est pas le cas, attendez un jour de plus avant de reprendre le collier. Il vaut mieux bousculer un peu la régularité des horaires pour être frais et dispos à l'entraînement, surtout au début, que de vouloir tout faire à tout prix, tout de suite, aveuglément. Vous verrez que les courbatures du début, si courbatures il y a, disparaîtront très vite. Vous serez rapidement en mesure de suivre tous les entraînements si vous évitez les excès et restez dans les limites de votre niveau de forme.

Il se peut que vous soyez tenté de remplacer une des séances proposées par une autre activité de type cardiovasculaire. Rien ne vous en empêche. L'hiver, par exemple, une bonne sortie de ski de fond peut avantageusement remplacer une des marches proposées. Une bonne sortie à vélo peut jouer le même rôle en été. Il suffit de bien suivre deux principes directeurs.

Le premier, c'est de respecter les fréquences d'entraînement proposées dans le programme. Vous devez vous en tenir à 3 séances par semaine, 4 au maximum, si par exemple, vous ajoutez un exercice supplémentaire de type cardio ou si vous remplacez par un tel exercice une de vos séances de marche. Ne vous lancez pas dans un programme dont la fréquence des entraînements rivaliserait celle des athlètes de niveau olympique !

Souvenez-vous que *c'est en forgeant qu'on devient forgeron*.Tout autre exercice cardio ne peut être que complémentaire. Pour améliorer votre condition et vous approcher d'une forme qui vous permettra de courir, il faut marcher ! Avant de courir, il vous faut arriver à marcher rapidement 45 min à raison de 3 fois par semaine.

Une dernière question. S'il arrivait que le programme se révèle trop exigeant pour vous, ne vous découragez pas. Considérez ces huit semaines comme deux blocs de 4 semaines. Voyez comment vous vous sentez à la moitié. Si vous avez le sentiment d'approcher de vos limites, reprenez du début ! Parfois, il vaut mieux reculer pour mieux avancer ensuite. Refaites ce premier bloc de 4 semaines, puis terminez votre programme. Il vous aura fallu 8, 12 ou 16 semaines pour venir à bout de ce premier programme ? Qu'importe ! Vous le faites pour vous et vous aurez alors franchi une étape importante.

COMMENT LIRE ET INTERPRÉTER LA GRILLE

Dans chaque case où un entraînement est prévu, le nombre de minutes indiqué vous donne la durée de la séance. À moins d'indication contraire, il s'agit de marcher à un rythme normal pendant le nombre de minutes recommandé.

Ainsi, lorsqu'on lit « 35 min » au début d'une case, on sait donc que la séance durera 35 min à un pas de marche normal, donc à peine plus rapide que votre pas de tous les jours.

Comme notre objectif est d'arriver à 45 min de marche rapide, une partie de chaque séance sera consacrée à augmenter progressivement notre capacité. C'est la partie « en MR » de chaque entraînement – MR pour « marche rapide », évidemment.

Cette partie plus intensive se compose d'un certain nombre de périodes de marche rapide d'une durée déterminée, qu'on appelle des répétitions, entrecoupées de périodes de marche normale.

PROGRAMME D'ENTRAÎNEMENT DÉBUTANT 1

OBJECTIF : 45 MINUTES DE MARCHE RAPIDE

Toutes les séances se déroulent à un rythme de marche normal et comprennent des segments de Marche Rapide (MR). Exemple du mardi de la semaine 8. La séance entière dure 35 min. Elle se déroule à un rythme de marche normal, sauf pour les 3 segments de 3 min de marche rapide (3 x 3 min en MR). Entre chaque segment de marche rapide, on revient au pas de marche normal pendant 6 min (6 min entre).
R = Repos

JOURS / SEMAINES	Lun.	Mar.	Mer.	Jeu.	Ven.	Sam.	Dim.
8	R	35 min **3 X 3 min en MR** (6 min ENTRE)	R	30 min **2 X 5 min en MR** (8 min ENTRE)	R	R	35 min **2 X 8 min en MR** (8 min ENTRE)
7	R	35 min **3 X 4 min en MR** (4 min ENTRE)	R	35 min **2 X 7 min en MR** (7 min ENTRE)	R	R	40 min **2 X 9 min en MR** (9 min ENTRE)
6	R	35 min **3 X 5 min en MR** (5 min ENTRE)	R	40 min **2 X 6 min en MR** (6 min ENTRE)	R	R	40 min **2 X 10 min en MR** (10 min ENTRE)
5	R	40 min **3 X 6 min en MR** (6 min ENTRE)	R	35 min **2 X 9 min en MR** (7 min ENTRE)	R	R	45 min **1 X 20 min en MR** ET **1 X 10 min en MR** (5 min ENTRE)
4	R	45 min **3 X 8 min en MR** (5 min ENTRE)	R	45 min **2 X 15 min en MR** (7 min ENTRE)	R	R	45 min **25 min en MR**
3	R	50 min **3 X 10 min en MR** (5 min ENTRE)	R	45 min **30 min en MR**	R	R	50 min **35 min en MR**
2	R	60 min **3 X 12 min en MR** (6 min ENTRE)	R	60 min **2 X 20 min en MR** (5 min ENTRE)	R	R	55 min **40 min en MR**
1	R	65 min **3 X 15 min en MR** (5 min ENTRE)	R	60 min **40 min en MR**	R	R	60 min **45 min en MR**

Ainsi, on peut lire dans la même case du mardi de la 8e semaine, « 3 x 3 min en MR ». Cela signifie qu'il vous faudra incorporer 3 segments d'une durée de 3 min de marche rapide durant votre marche de 35 min. L'information entre parenthèses vous indique le temps à consacrer à la récupération après chacune des répétitions, donc après chacun des segments de marche rapide. Il s'agit d'un temps durant lequel on revient à un rythme de marche normal. Ainsi, ce mardi de la 8e semaine, vous devrez intercaler entre chaque segment de 3 min de marche rapide, 6 min de marche au rythme normal (6 min ENTRE).

La meilleure façon de planifier cette sortie, c'est d'insérer les répétitions de marche rapide à peu près au milieu de la séance. Il est en effet important de ne pas commencer immédiatement l'entraînement en intensité. Une période de marche normale doit absolument précéder et suivre la partie intensive de l'entraînement – à l'instar d'un échauffement au début et d'un retour au calme à la fin.

Au total, la partie intensive de votre entraînement durera 21 min, soit 3 min MR + 6 min + 3 min MR + 6 min + 3 min MR. Comme la durée prévue de l'entraînement est de 35 min et qu'il s'écoulera 21 min entre le début du premier segment de marche rapide et la fin du dernier, il vous faudra répartir la différence de 14 min en deux segments de 7 min à faire avant et après la partie intensive de l'entraînement. Vous ferez donc une sortie de 35 min de marche qui devrait se dérouler comme suit : 7 min de marche + 3 min MR + 6 min marche + 3 min MR + 6 min marche + 3 min MR + 7 min marche.

PROGRAMME DE DÉBUTANT 2 : COURSE LENTE DE 10 min (3 FOIS PAR SEMAINE)

Si vous êtes déjà en mesure de faire 45 min de marche rapide à raison de 3 fois par semaine, c'est que vous êtes prêt à faire vos premières foulées de course lente, que plusieurs appellent jogging ou footing.

Ce programme très gradué de 8 semaines vous conduira à intégrer des périodes de course lente dans vos sorties de marche rapide. La progression du programme vous conduira à inclure 10 min de course lente ininterrompue à raison de 3 fois par semaine.

Si vous vous interrogez sur votre niveau de forme et si vous n'avez pas fait de sport ou d'exercices cardio depuis un certain temps, n'hésitez pas à vous remettre en train en reprenant les 2 ou 4 dernières semaines du programme de marche rapide. Vous en aurez le cœur net et ce sera loin d'être du temps perdu !

Vos jambes, conditionnées à faire 45 min de marche rapide 3 fois par semaine, sont maintenant prêtes à passer progressivement au pas de course, même à un rythme très modéré, comme celui de la course lente. C'est pourquoi, après une période d'inactivité ou en cas de condition physique insuffisante, il vaut mieux prendre du temps pour préparer vos muscles par de la marche rapide.

Le programme que nous vous proposons, comme tous les autres, est très équilibré, très prudent et très progressif. Il *suppose* tout de même que vous êtes préparé et que vous avez les préalables dans les jambes.

Si ce n'est déjà fait, procurez-vous aussi de bonnes chaussures de course. Bonnes ne signifie pas nécessairement les plus chères! Mais ne lésinez pas sur la qualité. Vos chaussures sont non seulement la pièce d'équipement la plus importante dont vous aurez besoin, mais aussi pratiquement le seul investissement digne de ce nom que vous aurez à faire avant de vous lancer dans la pratique de votre sport. Et même si la marche avec de mauvaises chaussures ne vous a jamais posé de problèmes, vous ne devriez pas vous risquer à passer au pas de course sans être chaussé correctement.

D'ailleurs, même bien préparé physiquement et bien chaussé, il se peut que vous ayez quelques courbatures, surtout durant les premières semaines de votre nouvel entraînement. Ne vous en faites pas, c'est normal. Les règles que nous avons expliquées au sujet de la marche rapide s'appliquent aussi aux premiers pas de la course : il s'agit de conditionner les muscles, de les entraîner afin qu'ils se transforment.

Normalement, après 48 heures, vous devriez vous sentir tout disposé à reprendre l'entraînement. Si les courbatures persistent, attendez une journée de plus ou contentez-vous de marcher cette journée-là.

Si l'effet de l'entraînement tarde à se faire sentir et que vous avez toujours l'impression de recommencer, c'est que vous devriez peut-être revenir quelques semaines au premier programme, celui de la préparation à la course par la marche rapide.

Il faut vous attendre évidemment à vous essouffler un peu! Rappelez-vous cependant que tel n'est pas l'objectif de cet entraînement. Adoptez un pas de course qui soit facile, léger, nécessitant le moins d'effort possible. Cette invitation à courir avec facilité peut vous paraître étrange! Mais c'est pourtant ce que vous devez faire. L'objectif n'est pas de courir, encore moins de courir vite, mais simplement de faire ce que les cousins français appellent du footing. L'objectif, c'est donc de se déplacer en course lente et de prolonger progressivement vos périodes de course lente, au fil des entraînements.

Ne vous laissez pas tromper par la courte durée des segments de course lente qui vous sont demandés. N'y voyez pas le signal de courir à la Bruny Surin, comme sur un 100 m olympique! C'est pour vous entraîner à courir de plus en plus longtemps que la durée est courte et que la progression est lente. Pensez longue distance. Lors de vos séances, demandez-vous si vous pourriez tenir plus longtemps à ce rythme. Pourriez-vous converser avec un ami durant ces segments de course lente ? Si oui, vous êtes au bon rythme ! Ne vous souciez pas de votre vitesse. Souciez-vous de votre confort durant l'effort pour courir les segments demandés. Le reste, vous le verrez très tôt, appartient aux merveilleuses facultés d'adaptation du corps humain. La persévérance et le travail patient rapportent beaucoup en course à pied !

Résistez aussi à la tentation de courir plus vite et plus longtemps. Soyez patients. Laissez le conditionnement s'opérer, laissez à votre corps le temps de s'adapter. Vous ne pourrez qu'en bénéficier plus loin sur la route !

Si l'envie vous prenait de participer, dans la deuxième moitié de ce programme, à une course sur route de 5 km en faisant alterner la marche rapide et le jogging, ne vous en privez pas. Une seule précaution cependant : vérifiez auprès des organisateurs de l'événement si les marcheurs y sont acceptés. Généralement, les organisateurs acceptent les marcheurs. Il arrive cependant que des contraintes de logistique, comme le temps de fermeture des rues, fassent obstacle à la participation des marcheurs. Consultez donc les responsables de la course avant de vous inscrire.

Si, au bout des 4 premières semaines, vous vous retrouvez exténué par les 6 min de course en continu du dimanche de la semaine 5, reprenez tout simplement les séances des semaines 6 et 5 ou repartez du début. Il n'y a pas de mal à cela. Vous investissez et mettez toutes les chances de votre côté pour franchir une étape très importante : celle de passer de la marche rapide à la course.

COMMENT INTERPRÉTER LA GRILLE

Il s'agit d'un programme de marche rapide. Le premier nombre placé en tête de chaque case du programme indique le nombre de minutes que doit durer la séance d'entraînement en marche rapide. Ainsi, on prévoit un entraînement d'une durée de 25 min de marche rapide le mardi de la semaine 5. Il faut ajouter une période de 5 à 10 min avant et après cette marche rapide, en guise d'échauffement et de retour au calme pour un entraînement total de 35 à 45 min.

Cet entraînement comprend 3 répétitions de 1 min 30 s de course lente. C'est ce qu'il faut comprendre lorsqu'on lit : « 25 min 3 x 1 min 30 s en course lente ».

L'information entre parenthèses indique le temps de récupération en marche rapide à faire entre les séquences de course lente.

PROGRAMME D'ENTRAÎNEMENT DÉBUTANT 2

OBJECTIF : 10 MINUTES DE COURSE LENTE

DURÉE : 8 SEMAINES

Toutes les séances se déroulent à un rythme de Marche Rapide (MR) et comprennent des segments de Course Lente (CL). Prévoyez une dizaine de minutes de marche lente en début de séance, question de vous échauffer. Exemple du mardi de la semaine 8. La séance entière dure 25 min. Elle se déroule à un rythme de marche rapide sauf pour les 4 segments de 30 s de course lente (4 x 30 s en course lente). Entre chaque segment de course lente, on revient au pas de marche rapide pendant 1 min (1 s entre).
R = Repos

JOURS / SEMAINES	Lun.	Mar.	Mer.	Jeu.	Ven.	Sam.	Dim.
8	R	25 min **4 X 30 s en CL** (1 min ENTRE)	R	25 min **2 X 1 Min en CL** (2 min ENTRE)	R	R	30 min **2 min en CL**
7	R	25 min **4 X 1 min en CL** (2 min ENTRE)	R	25 min **2 X 2 min en CL** (2 min ENTRE)	R	R	30 min **4 min en CL**
6	R	30 min **3 X 2 min en CL** (3 min ENTRE)	R	30 min **6 X 1 min en CL** (2 min ENTRE)	R	R	35 min **6 min en CL**
5	R	25 min **3 X 1 min 30 s en CL** (1 min 30 s ENTRE)	R	30 min **2 X 3 min en CL** (3 min ENTRE)	R	R	30 min **6 min en CL**
4	R	30 min **4 X 2 min en CL** (1 min ENTRE)	R	30 min **2 X 4 min en CL** (2 min ENTRE)	R	R	35 min **8 min en CL**
3	R	25 min **6 X 1 min 30 s en CL** (1 min ENTRE)	R	30 min **3 X 3 min en CL** (2 min ENTRE)	R	R	40 min **9 min en CL**
2	R	35 min **5 X 2 min en CL** (1 min ENTRE)	R	35 min **1 X 7 min en CL** ET **1 X 3 min en CL** (2 min ENTRE)	R	R	40 min **10 min en CL**
1	R	40 min **3 X 3 min en CL** (1 min ENTRE)	R	40 min **2 X 5 min en CL** (1 min ENTRE)	R	R	45 min **10 min en CL**

Dans notre exemple, à la fin de chacun des segments de course lente de 1 min 30 s, on doit revenir à la marche rapide durant 1 min 30 s avant de reprendre la course pour un autre segment de 1 min 30 s de course lente. C'est ce qu'il faut comprendre lorsqu'on lit qu'il faut insérer (1 min 30 s entre)

Il est bon de toujours placer les répétitions de course lente au milieu de notre entraînement et d'aménager le déroulement de la séance en conséquence. Pour ce faire, on peut considérer la partie en course lente comme un entraînement en intensité qui occupe le milieu de la séance.

Nous avons donc, dans notre exemple, 3 segments de 1 min 30 s de course lente séparés par 2 segments de 1 min 30 s de récupération en marche rapide – pour une période totale de 7 min 30 s en intensité.

Comme la séance de marche rapide doit durer 25 min, elle pourrait se composer comme suit : 5 à 10 min de marche normale pour l'échauffement + 9 min de marche rapide + 1 min 30 s de course lente + 1 min 30 s de marche rapide + 1 min 30 s de course lente + 1 min 30 s de marche rapide + 1 min 30 s de course lente suivie de 8 ou 9 min de marche rapide et de 5 à 10 min de marche normale pour le retour au calme. Une séance complète totalise donc 35 à 45 min.

PROGRAMME DE DÉBUTANT 3 : COURSE DE 20 min (3 FOIS PAR SEMAINE)

Vous êtes sur la bonne voie! Vous pouvez déjà courir 10 min en continu, 3 fois par semaine. Le pire est fait! Encore un peu de patience et vous aurez tout ce qu'il faut pour entreprendre un des programmes d'entraînement au 5 ou 10 km comme les coureurs réguliers.

Ce programme est un programme de transition et de consolidation. Il est simple comme bonjour et dure lui aussi 8 semaines. La clé de la réussite est encore une fois de résister à la tentation de sauter des étapes.

Gardez le même rythme de course qu'au programme précédent. Ne cherchez pas à aller plus vite. Demeurez à l'aise et apprenez à rester détendu durant ces séances de course lente destinées à se prolonger progressivement.

Vous devriez toujours sentir en bout de parcours que vous pourriez en faire davantage. C'est une impression qu'il est bon de cultiver! Elle laisse un goût de « revenez-y » qui garantit presque à lui seul la poursuite de votre entraînement. Quand chaque séance tourne à l'épuisement total, le feu sacré se perd et le décrochage vous guette.

PROGRAMME D'ENTRAÎNEMENT DÉBUTANT 3

OBJECTIF : COURIR 20 MINUTES

DURÉE : 8 SEMAINES

Toutes les séances se déroulent en Course Lente (CL). Prévoyez une dizaine de minutes de marche rapide avant le début de la séance, question de vous échauffer. Exemple du mardi de la semaine 8. Marche rapide 10 min, 10 min de course lente (10 min en CL) et terminer par 10 min de marche pour le retour au calme. R = Repos

JOURS / SEMAINES	Lun.	Mar.	Mer.	Jeu.	Ven.	Sam.	Dim.
8	R	10 min en CL	R	10 min en CL	R	R	10 min en CL
7	R	10 min en CL	R	15 min en CL	R	R	15 min en CL
6	R	10 min en CL	R	10 min en CL	R	R	15 min en CL
5	R	15 min en CL	R	15 min en CL	R	R	15 min en CL
4	R	10 min en CL	R	15 min en CL	R	R	15 min en CL
3	R	15 min en CL	R	15 min en CL	R	R	20 min en CL
2	R	15 min en CL	R	20 min en CL	R	R	20 min en CL
1	R	20 min en CL	R	20 min en CL	R	R	20 min en CL

COMMENT INTERPRÉTER LA GRILLE

Ce programme se compose exclusivement de séances en course lente. Les nombres apparaissant sur la grille en donnent la durée. On recommande cependant de toujours débuter la séance avec au moins 10 min de mise en train, sous forme de marche rapide suivie de quelques étirements, question de s'échauffer et de se préparer à l'effort. De même, après chacune des séances de course, il convient de prévoir une période de 5 à 10 min de marche, afin de revenir au calme et de bien récupérer en évitant les courbatures.

Ainsi on pourrait décrire la séance du mardi de la 5e semaine comme suit : 10 min de marche rapide et des étirements pour s'échauffer + 15 min de course lente suivies de 10 min de marche pour revenir au calme.

ET MAINTENANT ?

Maintenant que vous pouvez courir 20 minutes 3 fois par semaine, vous voilà prêt à vous lancer dans un programme d'entraînement en course à pied.

Vous demeurez tout de même un coureur débutant. Mais il n'y a pas de quoi en avoir honte! C'est tout simplement une question d'expérience. Tous les coureurs, y compris les champions, sont passés par les mêmes stades que vous.

Vous entrez dans ce qu'on appelle *la deuxième phase de vos débuts* en course à pied. Votre objectif est de devenir un coureur régulier en vue de participer à des compétitions. Je dis souvent aux coureurs qu'ils en sont alors au stade de l'acquisition de leur permanence, de leur statut de coureur régulier.

L'expérience a montré qu'il faut au moins deux années complètes d'entraînement pour que le corps s'adapte réellement à la pratique de la course à pied.

Les coureurs réguliers sont ceux qui obtiennent en 18 à 24 mois au moins deux temps de référence au 5 km et au moins un au 10 km. C'est là ce qui les distingue des coureurs débutants. Il ne faut surtout pas y voir une incitation à vous inscrire à 3 compétitions au bout de 3 semaines en vue d'obtenir votre permanence!

On doit tenir compte de ses capacités d'adaptation et faire preuve de prudence. Il faut y mettre le temps nécessaire. Il importe de noter qu'il n'est question ici que d'expérience et non de performance. Ce sont deux choses bien différentes. Certains coureurs, favorisés par la génétique et l'âge, feront mieux, dès leur premier essai en compétition, que bien des coureurs chevronnés.

Reste que vous devez tenir compte de votre manque d'expérience et de la nécessité d'un minimum de conditionnement de votre organisme avant de vous lancer à toute vapeur dans des entraînements trop exigeants.

L'exemple des milliers de coureurs de la première vague qui se sont lancés trop rapidement à la conquête du marathon devrait nous servir de leçon. Combien se sont blessés? Combien ont apporté de l'eau au moulin des détracteurs mal informés qui stigmatisaient les dangers de la course pour les genoux?

Quelle direction prendre maintenant? Comment faire au cours des prochains mois et de la prochaine année pour passer de coureur débutant à coureur régulier?

– Courir plus souvent – en arriver progressivement à courir 4 fois par semaine. La régularité est excellente pour accroître l'endurance.

– Courir plus longtemps. Une fois que vous aurez pris l'habitude de courir 4 fois par semaine, il vous faudra accroître très progressivement votre volume d'entraînement en courant plus longtemps, soit de 30 à 60 min par sortie, selon les recommandations des programmes.

Une façon d'assurer cette transition est de puiser dans les programmes du 5 km puis du 10 km du groupe B. Ces programmes vous amèneront graduellement à augmenter la durée de vos sorties. Les programmes de mise en forme conduisent par ailleurs à faire un test sur 5 km après 8 semaines d'entraînement. Comme nous en avons déjà abondamment parlé, vous aurez ainsi l'occasion de vous donner un premier temps *de référence* pour connaître précisément les rythmes d'entraînement qui vous conviennent.

Après avoir mené à bien un ou deux programmes de mise en forme de 8 semaines (par exemple celui du 5 km puis du 10 km), vous aurez augmenté votre kilométrage et établi la fréquence de vos entraînements à 4 par semaine.

Il sera alors temps de passer à un programme d'entraînement spécifique de 14 semaines pour une épreuve de 5 ou 10 km. Vous ajouterez alors le dernier ingrédient de la recette que suivent tous les coureurs, c'est-à-dire augmenter progressivement l'intensité de leurs entraînements. C'est le facteur vitesse qui s'ajoute dans les programmes d'entraînement de 14 semaines.

Encore une fois, gardez la tête froide et soyez patient.

Faites votre plan et inscrivez-le dans votre planification annuelle.

Bonne chance et bon succès !

PROGRAMMES D'ENTRAÎNEMENT POUR LES COUREURS RÉGULIERS

PROGRAMME D'ENTRAÎNEMENT POUR LE 5 km

La marche à suivre

Choisissez toujours un programme d'entraînement en tenant compte de votre expérience en course à pied et de votre niveau de forme actuel. Lisez bien toutes les consignes et cette marche à suivre pour choisir les rythmes d'entraînement au kilomètre (R1, R2, R3 et R4) qui correspondent réellement à votre niveau de forme actuel.

Comme nous l'avons rappelé à maintes reprises, vos succès reposent sur le fait de courir au bon rythme. Aussi est-il de première importance de connaître le rythme d'entraînement qui correspond à votre endurance fondamentale, votre R1. Partez d'un résultat récent, obtenu sur une des distances parcourues au 5 ou 10 km, 21,1 km ou marathon et consultez le tableau de la page 46 pour déterminer votre R1. Si votre temps de référence vous place entre deux niveaux, choisissez le rythme d'entraînement du niveau inférieur.

Dans les tableaux *Programme d'entraînement 5 km*, Groupe A et B (p. 82 et p. 84) vous trouverez votre rythme d'entraînement en endurance fondamentale, R1. Prenez note de vos rythmes d'entraînement R1, R2, R3 et R4.

Ne trichez pas ! Vous aurez l'occasion de progresser à l'entraînement et vos progrès se manifesteront probablement à l'occasion des compétitions *test* suggérées qui font partie intégrante de chaque programme. *Ne modifiez vos rythmes d'entraînement que si vous établissez un nouveau temps de référence.*

Poursuivez alors votre entraînement avec le même programme (s'il fonctionne, c'est la preuve que vous vous améliorez). Cependant, adoptez les rythmes d'entraînement qui correspondent à cette nouvelle marque, obtenue lors de la compétition test.

TEST

Vous trouverez dans les programmes des suggestions pour faire un test ou de participer à une épreuve de course sur route. Votre participation à une épreuve durant votre entraînement, aux moments indiqués et sur la distance suggérée, vous permettra d'évaluer votre niveau de forme et les progrès accomplis. Le test peut aussi prendre la forme d'un entraînement effectué sur un parcours mesuré le plus précisément possible.

Rappelez-vous qu'une bonne mesure de la réussite de votre test serait de parcourir la deuxième partie de l'épreuve un peu plus rapidement que la première. Le rythme de compétition suggéré pour le 5 km est le R4 et pour le 10 km, le R3.

PROGRAMME D'ENTRAÎNEMENT POUR LE 5 KM

Groupe A

Ce programme s'adresse à tous les coureurs qui s'entraînent régulièrement à raison de 3 séances par semaine et qui, au cours des derniers mois, ont eu l'occasion de participer à quelques compétitions de course à pied et de pratiquer régulièrement des sports de type cardiovasculaire comme le jogging, le vélo, le ski de fond ou la natation. La fréquence des entraînements de ce programme est de 4 séances par semaine pendant 22 semaines, soit une période de 8 semaines de mise en forme suivie d'une période d'entraînement de 14 semaines.

Groupe B

Ce programme s'adresse à tous ceux qui s'entraînent ou qui pratiquent une activité sportive de 2 à 3 fois par semaine, ou encore qui ont eu l'occasion, dans les mois précédents, de pratiquer quelques activités sportives de type cardiovasculaire comme le jogging, le vélo, le ski de fond ou la natation.

La fréquence des entraînements dans ce programme est de 3 ou 4 séances par semaine pendant 22 semaines, soit une période de 8 semaines de mise en forme suivie d'une période d'entraînement de 14 semaines.

PROGRAMME D'ENTRAÎNEMENT 5 KILOMÈTRES

GROUPE A

POUR UN RÉSULTAT SE SITUANT ENTRE 19:35 ET 22:30 SUR 5 km

SI VOUS AVEZ RÉUSSI RÉCEMMENT CE CHRONO OU QU'IL CORRESPOND RÉELLEMENT À VOTRE NIVEAU DE FORME ACTUEL	VOICI LES RYTHMES D'ENTRAÎNEMENT QUE VOUS DEVRIEZ ADOPTER			
	R1	R2	R3	R4
5 km : 19:35 **10 km : 40:25**	4:55/km (12,2 km/h)	4:25/km (13,5 km/h)	4:05/km (14,6 km/h)	3:55/km (15,3 km/h)
5 km : 20:15 **10 km : 42:30**	5:10/km (11,6 km/h)	4:40/km (12,8 km/h)	4:15/km (14,1 km/h)	4:05/km (14,6 km/h)
5 km : 21:00 **10 km : 45:00**	5:30/km (10,9 km/h)	5:00/km (12 km/h)	4:30/km (13,3 km/h)	4:15/km (14,1 km/h)
5 km : 22:30 **10 km : 47:30**	5:50/km (10,2 km/h)	5:20/km (11,2 km/h)	4:45/km (12,6 km/h)	4:30/km (13,3 km/h)

PÉRIODE DE MISE EN FORME – 5 KILOMÈTRES

GROUPE A

DURÉE : 8 SEMAINES

Toutes les séances se déroulent au rythme de l'endurance fondamentale, R1. Exemple du mardi de la semaine 8 : Courir 20 min en R1. R = Repos

JOURS / SEMAINES	Lun.	Mar.	Mer.	Jeu.	Ven.	Sam.	Dim.
8	R	20 min	R	20 min	R	R	25 min
7	R	20 min	R	25 min	R	20 min	30 min
6	R	20 min	R	25 min	R	R	25 min
5	R	20 min	R	20 min	R	20 min	35 min
4	R	25 min	R	30 min	R	R	30 min
3	R	25 min	R	25 min	R	25 min	25 min
2	R	25 min	R	20 min	R	25 min	35 min
1	R	25 min	R	20 min	R	TEST 5 km	

ENTRAÎNEMENT SPÉCIFIQUE – 5 KILOMÈTRES

GROUPE A

DURÉE : 14 SEMAINES

Toutes les séances se déroulent au rythme de l'endurance fondamentale R1. Plusieurs comprennent aussi des segments de course à des rythmes plus rapides R2, R3 ou R4. Exemple du mardi de la semaine 10. La séance entière dure 30 min. Elle se déroule au rythme de l'endurance fondamentale sauf pour les 3 segments de 1 min courus en R3 (3 x 1 min R3). Entre chaque segment en R3, on revient au rythme de l'endurance fondamentale pendant 1 min (1 min entre). R = Repos

JOURS / SEMAINES	Lun.	Mar.	Mer.	Jeu.	Ven.	Sam.	Dim.
14	R	30 min	R	30 min, **2 X 3 min R2** (2 min ENTRE)	R	25 min	35 min
13	R	30 min	R	35 min, **2 X 4 min R2** (4 min ENTRE)	R	25 min	40 min
12	R	30 min	R	40 min, **2 X 5 min R2** (5 min ENTRE)	R	25 min	45 min
11	R	30 min	R	35 min, **10 min R2**	R	25 min	40 min
10	R	30 min, **3 X 1 min R3** (1 min ENTRE)	R	35 min, **2 X 8 min R2** (8 min ENTRE)	R	25 min	45 min
9	R	30 min, **2 X 1 min 30 S R3** (1 min 30 S ENTRE)	R	40 min, **4 X 3 min R3** (3 min ENTRE)	R	25 min	50 min
8	R	30 min, **3 X 1 min R4** (1 min ENTRE)	R	45 min, **3 X 4 min R3** (4 min ENTRE)	R	25 min	50 min
7	R	35 min, **2 X 3 min R3** (3 min ENTRE)	R	30 min	R	20 min	TEST 5 km R4
6	R	30 min, **3 X 2 min R3** (2 min ENTRE)	R	40 min, **2 X 6 min R3** (6 min ENTRE)	R	25 min	40 min
5	R	40 min, **6 X 30 S R4** (30 S ENTRE)	R	45 min, **5 X 3 min R3** (3 min ENTRE)	R	20 min	60 min
4	R	35 min, **4 X 1 min R4** (1 min ENTRE)	R	45 min, **2 X 5 min R3** (5 min ENTRE)	R	20 min	45 min
3	R	30 min, **5 X 45 S R4** (45 S ENTRE)	R	40 min, **2 X 7 min R3** (7 min ENTRE)	R	25 min	50 min
2	R	30 min, **8 X 30 S R4** (30 S ENTRE)	R	35 min, **12 min R3**	R	20 min	45 min
1	R	30 min, **5 min R3**	R	25 min	R	20 min	VOIR NOTE

NOTE : MARATHON OASIS DE MONTRÉAL – 5 km

PROGRAMME D'ENTRAÎNEMENT 5 KILOMÈTRES

GROUPE B

POUR UN RÉSULTAT SE SITUANT ENTRE 23:45 ET 32:10 SUR CINQ KILOMÈTRES

SI VOUS AVEZ RÉUSSI RÉCEMMENT CE CHRONO OU QU'IL CORRESPOND RÉELLEMENT À VOTRE NIVEAU DE FORME ACTUEL	VOICI LES RYTHMES D'ENTRAÎNEMENT QUE VOUS DEVRIEZ ADOPTER			
	R1	R2	R3	R4
5 km : 23:45 **10 km : 50:00**	6:10/km (9,7 km/h)	5:40/km (10,5 km/h)	5:00/km (12,0 km/h)	4:45/km (12,6 km/h)
5 km : 25:00 **10 km : 53:20**	6:35/km (9,1 km/h)	6:00/km (10 km/h)	5:20/km (11,2 km/h)	5:00/km (12,0 km/h)
5 km : 26:40 **10 km : 56:40**	7:00/km (8,5 km/h)	6:25/km (9,3 km/h)	5:40/km (10,5 km/h)	5:20/km (11,2 km/h)
5 km : 28:15 **10 km : 60:00**	7:25/km (8,1 km/h)	6:45/km (8,9 km/h)	6:00/km (10,0 km/h)	5:35/km (10,7 km/h)
5 km : 30:00 **10 km : 64:10**	7:50/km (7,6 km/h)	7:05/km (8,4 km/h)	6:25/km (9,3 km/h)	6:00/km (10,0 km/h)
5km : 32:10 **10 km : 68:20**	8:15/km (7,3 km/h)	7:30/km (8 km/h)	6:50/km (8,7 km/h)	6:25/km (9,3 km/h)

PÉRIODE DE MISE EN FORME – 5 KILOMÈTRES

GROUPE B

DURÉE : 8 SEMAINES

Toutes les séances se déroulent au rythme de l'endurance fondamentale, R1. Exemple du mardi de la semaine 8 : Courir 20 min en R1. R = Repos

JOURS / SEMAINES	Lun.	Mar.	Mer.	Jeu.	Ven	Sam.	Dim.
8	R	20 min	R	20 min	R	R	25 min
7	R	20 min	R	25 min	R	R	30 min
6	R	20 min	R	25 min	R	R	25 min
5	R	20 min	R	20 min	R	R	35 min
4	R	25 min	R	30 min	R	R	30 min
3	R	25 min	R	25 min	R	R	25 min
2	R	25 min	R	20 min	R	R	35 min
1	R	25 min	R	20 min	R	TEST 5 km	

ENTRAÎNEMENT SPÉCIFIQUE – 5 KILOMÈTRES

GROUPE B

DURÉE : 14 SEMAINES

Toutes les séances se déroulent au rythme de l'endurance fondamentale R1. Plusieurs comprennent aussi des segments de course à des rythmes plus rapides R2, R3 ou R4. Exemple du mardi de la semaine 10. La séance entière dure 30 min. Elle se déroule au rythme de l'endurance fondamentale sauf pour les 2 segments de 1 min courus en R3 (2 x 1 min R3). Entre chaque segment en R3, on revient au rythme de l'endurance fondamentale pendant 1 min (1 min entre). R = Repos

JOURS / SEMAINES	Lun.	Mar.	Mer.	Jeu.	Ven.	Sam.	Dim.
14	R	20 min	R	25 min, **3 min R2**	R	R	30 min
13	R	25 min	R	25 min, **4 min R2**	R	R	35 min
12	R	25 min	R	30 min, **5 min R2**	R	R	35 min
11	R	20 min	R	30 min, **8 min R2**	R	R	30 min
10	R	30 min, **2 X 1 min R3** (1 min ENTRE)	R	30 min, **2 X 5 min R2** (5 min ENTRE)	R	R	35 min
9	R	30 min, **2 X 1 min 30 s R3** (1 min 30 S ENTRE)	R	35 min, **2 X 3 min R3** (3 min ENTRE)	R	20 min	40 min
8	R	30 min, **2 X 1 min R4** (1 min ENTRE)	R	35 min, **2 X 4 min R3** (4 min ENTRE)	R	20 min	40 min
7	R	30 min, **3 min R3**	R	25 min	R	R	TEST 5 km R4
6	R	25 min, **2 X 2 min R4** (2 min ENTRE)	R	30 min, **6 min R3**	R	R	35 min
5	R	30 min, **4 X 30 s R4** (1 min ENTRE)	R	40 min, **3 X 3 min R3** (3 min ENTRE)	R	20 min	50 min
4	R	30 min, **3 X 1 min R4** (1 min ENTRE)	R	40 min, **5 min R3**	R	R	40 min
3	R	30 min, **4 X 45 s R4** (45 S ENTRE)	R	35 min, **7 min R3**	R	20 min	45 min
2	R	30 min, **6 X 30 s R4** (30 S ENTRE)	R	30 min, **9 min R3**	R	20 min	35 min
1	R	30 min, **3 min R4**	R	25 min	R	R	VOIR NOTE

NOTE : MARATHON OASIS DE MONTRÉAL – 5 km

PROGRAMME D'ENTRAÎNEMENT POUR LE 10 KM

La marche à suivre

Choisissez toujours un programme d'entraînement en tenant compte de votre expérience en course à pied et de votre niveau de forme actuel. Lisez bien toutes les consignes et cette marche à suivre pour choisir les rythmes d'entraînement au kilomètre (R1, R2, R3 et R4) qui correspondent réellement à votre niveau de forme actuel.

Comme nous l'avons rappelé à maintes reprises, vos succès reposent sur le fait de courir au bon rythme. Aussi est-il de première importance de connaître le rythme d'entraînement qui correspond à votre endurance fondamentale, R1. Partez d'un résultat récent obtenu sur une des distances parcourues (5 ou 10 km, 21,1 km ou marathon) et consultez le tableau de la page 46 pour déterminer votre R1. Si votre temps de référence vous place entre deux niveaux, choisissez le rythme d'entraînement du niveau inférieur.

Dans les tableaux *Programme d'entraînement 10 km*, Groupe A et B (p. 88 et p. 90) vous trouverez votre rythme d'entraînement en endurance fondamentale, R1. Prenez note de vos rythmes d'entraînement R1, R2, R3 et R4.

Ne trichez pas! Vous aurez l'occasion de progresser à l'entraînement et vos progrès se manifesteront probablement à l'occasions des compétitions TESTS suggérées qui font partie intégrante de chaque programme. Ne modifiez vos rythmes d'entraînement que si vous établissez un nouveau temps de référence.

Poursuivez alors votre entraînement avec le même programme (la preuve qu'il fonctionne, c'est que vous vous améliorez). Cependant, adoptez les rythmes d'entraînement qui correspondent à cette nouvelle marque, obtenue lors de la compétition test.

TEST

Vous trouverez dans les programmes des suggestions de faire un TEST ou de participer à une épreuve de course sur route. Votre participation à une épreuve durant votre entraînement, aux moments indiqués et sur la distance suggérée, vous permettra d'évaluer votre niveau de forme et les progrès accomplis. Le test peut aussi prendre la forme d'un entraînement effectué sur un parcours mesuré le plus précisément possible.

Rappelez-vous qu'une bonne mesure de la réussite de votre test serait de parcourir la deuxième partie de l'épreuve un peu plus rapidement que la première. Le rythme de compétition suggéré pour le 5 km est le R4 et pour le 10 km, le R3.

PROGRAMME D'ENTRAÎNEMENT POUR LE 10 KM

Groupe A

Ce programme s'adresse à tous les coureurs qui s'entraînent régulièrement à raison de 3 séances par semaine et qui, au cours des derniers mois, ont eu l'occasion de participer à quelques compétitions de course à pied et de pratiquer régulièrement des sports de type cardiovasculaire comme le jogging, le vélo, le ski de fond ou la natation.

La fréquence des entraînements dans ce programme est de 4 séances par semaine pendant 22 semaines, soit une période de 8 semaines de mise en forme suivie d'une période d'entraînement de 14 semaines.

Groupe B

Ce programme s'adresse à tous ceux qui s'entraînent de 2 ou 3 fois par semaine, ou encore qui ont eu l'occasion, au cours des derniers mois, de pratiquer quelques activités sportives de type cardiovasculaire comme le jogging, le vélo, le ski de fond et la natation.

La fréquence des entraînements dans ce programme est de 3 ou 4 séances par semaine pendant 22 semaines, soit une période de 8 semaines de mise en forme suivie d'une période d'entraînement de 14 semaines.

PROGRAMME D'ENTRAÎNEMENT 10 KILOMÈTRES

GROUPE A

POUR UN RÉSULTAT SE SITUANT ENTRE 40:25 ET 47:30 SUR 10 km

SI VOUS AVEZ RÉUSSI RÉCEMMENT CE CHRONO OU QU'IL CORRESPOND RÉELLEMENT À VOTRE NIVEAU DE FORME ACTUEL	VOICI LES RYTHMES D'ENTRAÎNEMENT QUE VOUS DEVRIEZ ADOPTER			
	R1	R2	R3	R4
10 km : 40:25 **5km : 19:35**	4:55/km (12,2 km/h)	4:25/km (13,5 km/h)	4:05/km (14,6 km/h)	3:55/km (15,3 km/h)
10 km : 42:30 **5 km : 20:15**	5:10/km (11,6 km/h)	4:40/km (12,8 km/h)	4:15/km (14,1 km/h)	4:05/km (14,6 km/h)
10 km : 45:00 **5 km : 21:00**	5:30/km (10,9 km/h)	5:00/km (12,0 km/h)	4:30/km (13,3 km/h)	4:15/km (14,1 km/h)
10 km : 47:30 **5 km : 22:30**	5:50/km (10,2 km/h)	5:20/km (11,2 km/h)	4:45/km (12,6 km/h)	4:30/km (13,3 km/h)

PÉRIODE DE MISE EN FORME – 10 KILOMÈTRES

GROUPE A

DURÉE : 8 SEMAINES

Toutes les séances se déroulent au rythme de l'endurance fondamentale, R1. Exemple du mardi de la semaine 8 : Courir 20 min en R1. R = Repos

JOURS / SEMAINES	Lun.	Mar.	Mer.	Jeu.	Ven.	Sam.	Dim.
8	R	20 min	R	20 min	R	20 min	25 min
7	R	20 min	R	25 min	R	20 min	30 min
6	R	25 min	R	20 min	R	20 min	25 min
5	R	25 min	R	20 min	R	25 min	35 min
4	R	20 min	R	30 min	R	20 min	25 min
3	R	25 min	R	30 min	R	25 min	30 min
2	R	20 min	R	35 min	R	25 min	40 min
1	R	25 min	R	20 min	R	TEST 5 km	

ENTRAÎNEMENT SPÉCIFIQUE – 10 KILOMÈTRES

GROUPE A

DURÉE : 14 SEMAINES

Toutes les séances se déroulent au rythme de l'endurance fondamentale R1. Plusieurs comprennent aussi des segments de course à des rythmes plus rapides R2, R3 ou R4. Exemple du mardi de la semaine 10. La séance entière dure 30 min (30 min). Elle se déroule au rythme de l'endurance fondamentale sauf pour les 3 segments de 1 min courus en R3 (3 x 1 min R3). Entre chaque segment en R3, on revient au rythme de l'endurance fondamentale pendant 1 min (1 min entre). R = Repos

JOURS / SEMAINES	Lun.	Mar.	Mer.	Jeu.	Ven.	Sam.	Dim.
14	R	30 min	R	35 min, **3 X 3 min R2** (3 min ENTRE)	R	30 min	40 min
13	R	35 min	R	40 min, **3 X 4 min R2** (4 min ENTRE)	R	30 min	35 min
12	R	35 min	R	40 min, **2 X 10 min R2** (8 min ENTRE)	R	30 min	45 min
11	R	35 min	R	40 min, **15 min R2**	R	30 min	40 min
10	R	30 min, **3 X 1 min R3** (1 min ENTRE)	R	40 min, **2 X 10 min R2** (5 min ENTRE)	R	30 min	50 min
9	R	35 min, **3 X 1 min 30 R3** (1 min 30 min ENTRE)	R	45 min, **5 X 3 min R3** (3 min ENTRE)	R	30 min	55 min
8	R	30 min, **4 X 1 min R4** (1 min ENTRE)	R	45 min, **2 X 6 min R3** (6 min ENTRE)	R	25 min	60 min
7	R	40 min, **2 X 3 min R3** (3 min ENTRE)	R	30 min	R	20 min	TEST 10 km R3
6	R	35 min, **3 X 2 min R4** (2 min ENTRE)	R	40 min, **3 X 4 min R3** (4 min ENTRE)	R	30 min	50 min
5	R	35 min, **8 X 30 s R4** (30 s ENTRE)	R	50 min, **6 X 3 min R3** (3 min ENTRE)	R	20 min	65 min
4	R	40 min, **5 X 1 min R4** (1 min ENTRE)	R	45 min, **3 X 5 min R3** (5 min ENTRE)	R	25 min	75 min
3	R	35 min, **6 X 45 s R4** (45 s ENTRE)	R	45 min, **2 X 8 min R3** (8 min ENTRE)	R	30 min	55 min
2	R	35 min, **10 X 30 s R4** (30 s ENTRE)	R	35 min, **15 min R3**	R	25 min	50 min
1	R	35 min, **2 X 3 min R3** (6 min ENTRE)	R	25 min	R	20 min	VOIR NOTE

NOTE : MARATHON OASIS DE MONTRÉAL – 10 km

PROGRAMME D'ENTRAÎNEMENT 10 KILOMÈTRES

GROUPE B

POUR UN RÉSULTAT SE SITUANT ENTRE 50:00 ET 68:20 SUR 10 km

SI VOUS AVEZ RÉUSSI RÉCEMMENT CE CHRONO OU QU'IL CORRESPOND RÉELLEMENT À VOTRE NIVEAU DE FORME ACTUEL	VOICI LES RYTHMES D'ENTRAÎNEMENT QUE VOUS DEVRIEZ ADOPTER			
	R1	R2	R3	R4
10 km : 50:00 **5 km : 23:45**	6:10/km (9,7 km/h)	5:40/km (10,5 km/h)	5:00/km (12,0 km/h)	4:45/km (12,6 km/h)
10 km : 53:20 **5 km : 25:00**	6:35/km (9,1 km/h)	6:00/km (10 km/h)	5:20/km (11,2 km/h)	5:00/km (12,0 km/h)
10 km : 56:40 **5 km : 26:40**	7:00/km (8,5 km/h)	6:25/km (9,3 km/h)	5:40/km (10,5 km/h)	5:20/km (11,2 km/h)
10 km : 60:00 **5 km : 28:15**	7:25/km (8,1 km/h)	6:45/km (8,9 km/h)	6:00/km (10,0 km/h)	5:35/km (10,7 km/h)
10 km : 64:10 **5 km : 30:00**	7:50/km (7,6 km/h)	7:05/km (8,4 km/h)	6:25/km (9,3 km/h)	6:00/km (10,0 km/h)
10 km : 68.20 **5 km : 32:10**	8:15/km (7,3 km/h)	7:30/km (8 km/h)	6:50/km (8,7 km/h)	6:25/km (9,3 km/h)

PÉRIODE DE MISE EN FORME – 10 KILOMÈTRES

GROUPE B

DURÉE : 8 SEMAINES

Toutes les séances se déroulent au rythme de l'endurance fondamentale, R1. Exemple du mardi de la semaine 8 : Courir 20 min en R1. R = Repos

JOURS / SEMAINES	Lun.	Mar.	Mer.	Jeu.	Ven.	Sam.	Dim.
8	R	20 min	R	20 min	R	R	25 min
7	R	20 min	R	25 min	R	20 min	30 min
6	R	20 min	R	25 min	R	R	25 min
5	R	20 min	R	20 min	R	20 min	35 min
4	R	25 min	R	30 min	R	R	30 min
3	R	25 min	R	25 min	R	25 min	25 min
2	R	25 min	R	20 min	R	25 min	35 min
1	R	25 min	R	20 min	R	TEST 5 km	

ENTRAÎNEMENT SPÉCIFIQUE – 10 KILOMÈTRES

GROUPE B

DURÉE : 14 SEMAINES

Toutes les séances se déroulent au rythme de l'endurance fondamentale R1. Plusieurs comprennent aussi des segments de course à des rythmes plus rapides R2, R3 ou R4. Exemple du mardi de la semaine 10. La séance entière dure 25 min. Elle se déroule au rythme de l'endurance fondamentale sauf pour les 2 segments de 1 min courus en R3 (2 x 1 min R3). Entre chaque segment en R3, on revient au rythme de l'endurance fondamentale pendant 1 min (1 min entre). R = Repos

JOURS / SEMAINES	Lun.	Mar.	Mer.	Jeu.	Ven.	Sam.	Dim.
14	R	20 min	R	25 min, **2 X3 min R2** (3 min ENTRE)	R	R	30 min
13	R	30 min	R	30 min, **2 X 4 min R2** (4 min ENTRE)	R	20 min	35 min
12	R	25 min	R	30 min, **2 X 5 min R2** (5 min ENTRE)	R	R	30 min
11	R	30 min	R	30 min, **10 min R2**	R	20 min	40 min
10	R	25 min, **2 X 1 min R3** (1 min ENTRE)	R	35 min, **2 X 6 min R2** (6 min ENTRE)	R	20 min	35 min
9	R	35 min, **2 X 1 min 30 S R3** (1 min 30 s ENTRE)	R	40 min, **3 X 3 min R3** (3 min ENTRE)	R	25 min	45 min
8	R	30 min, **2 X 1 min R4** (1 min ENTRE)	R	40 min, **8 min R3**	R	25 min	50 min
7	R	35 min, **3 min R3**	R	30 min	R	R	TEST 5 km R4 OU 10 km R3
6	R	30 min, **2 X 2 min R4** (2 min ENTRE)	R	35 min, **2 X 4 min R3** (4 ENTRE)	R	25 min	40 min
5	R	35 min, **6 X 30 S R4** (30 s ENTRE)	R	45 min, **4 X 3 min R3** (3 min ENTRE)	R	20 min	55 min
4	R	30 min, **3 X 1 min R4** (1 min ENTRE)	R	40 min, **2 X 5 min R3** (5 min ENTRE)	R	25 min	65 min
3	R	30 min, **4 X 45 S R4** (45 s ENTRE)	R	40 min, **2 X 7 min R3** (7 min ENTRE)	R	25 min	50 min
2	R	30 min, **6 X 30 S R4** (30 s ENTRE)	R	30 min, **10 min R3**	R	R	40 min
1	R	30 min, **3 min R3**	R	25 min	R	20 min	VOIR NOTE

NOTE : MARATHON OASIS DE MONTRÉAL – 10 km

PROGRAMME D'ENTRAÎNEMENT POUR LE 21,1 KM (DEMI-MARATHON)

La marche à suivre

Choisissez toujours un programme d'entraînement en tenant compte de votre expérience en course à pied et de votre niveau de forme actuel. Lisez bien toutes les consignes et cette marche à suivre pour choisir les rythmes d'entraînement au kilomètre (R1, R2, R3 et R4) qui correspondent réellement à votre niveau de forme actuel.

Comme nous l'avons rappelé à maintes reprises, vos succès reposent sur le fait de courir au bon rythme. Aussi est-il de première importance de connaître le rythme d'entraînement qui correspond à votre endurance fondamentale, votre R1. Partez d'un résultat récent obtenu sur une des distances parcourues (5 ou 10 km, 21,1 km ou marathon) et consultez le tableau de la page 46 pour déterminer votre R1. Si votre temps de référence vous place entre deux niveaux, choisissez le rythme d'entraînement du niveau inférieur.

Dans les tableaux *Programme d'entraînement 21,1 km* Groupe A et B (p. 94 et p. 96), vous trouverez votre rythme d'entraînement en endurance fondamentale, R1. Prenez note de vos rythmes d'entraînement R1, R2, R3.

Ne trichez pas! Vous aurez l'occasion de progresser à l'entraînement et vos progrès se manifesteront probablement à l'occasion des compétitions TESTS suggérées qui font partie intégrante de chaque programme. Ne modifiez vos rythmes d'entraînement que si vous établissez un nouveau temps de référence.

Poursuivez alors votre entraînement avec le même programme (la preuve qu'il fonctionne, c'est que vous vous améliorez). Cependant, adoptez les rythmes d'entraînement qui correspondent à cette nouvelle marque, obtenue lors de la compétition test.

TEST

Vous trouverez dans les programmes des suggestions de faire un TEST ou de participer à une épreuve de course sur route. Votre participation à une épreuve durant votre entraînement, aux moments indiqués et sur la distance suggérée, vous permettra d'évaluer votre niveau de forme et les progrès accomplis. Le test peut aussi prendre la forme d'un entraînement effectué sur un parcours mesuré le plus précisément possible.

Rappelez-vous qu'une bonne mesure de la réussite de votre test serait de parcourir la deuxième partie de l'épreuve un peu plus rapidement que la première. Le rythme de compétition suggéré pour le 5 km est le R4 et pour le 10 km, le R3.

PROGRAMME D'ENTRAÎNEMENT POUR LE 21,1 KM

Groupe A

Ce programme s'adresse à ceux qui courent un minimum de 2 h par semaine à raison d'au moins 3 séances hebdomadaires et qui ont déjà participé au 10 km ou à un demi-marathon.

La fréquence des entraînements de ce programme est de 4 séances par semaine pendant 22 semaines, soit une période de 8 semaines de mise en forme suivie d'une période d'entraînement de 14 semaines.

Groupe B

Ce programme s'adresse à tous ceux qui courent de 2 à 3 fois par semaine, pour une durée hebdomadaire moyenne de 1 h 30.

La fréquence des entraînements de ce programme est de 4 séances par semaine pendant 22 semaines, soit une période de 8 semaines de mise en forme suivie d'une période d'entraînement de 14 semaines.

PROGRAMME D'ENTRAÎNEMENT – 21,1 KILOMÈTRES (DEMI-MARATHON)

GROUPE A

POUR UN RÉSULTAT SE SITUANT ENTRE 1 h 28 ET 1 h 47 AU DEMI-MARATHON

SI VOUS AVEZ RÉUSSI RÉCEMMENT CE CHRONO OU QU'IL CORRESPOND RÉELLEMENT À VOTRE NIVEAU DE FORME ACTUEL	VOICI LES RYTHMES D'ENTRAÎNEMENT QUE VOUS DEVRIEZ ADOPTER		
	R1	R2	R3
21,1 km : 1h28 **10 km : 40:25**	4:55/km (12,2 km/h)	4:25/km (13,5 km/h)	4:05/km (14,6 km/h)
21,1 km : 1h33 **10 km : 42:30**	5:10/km (11,6 km/h)	4:40/km (12,8 km/h))	4:15/km (14,1 km/h)
21,1 km : 1h40 **10 km : 45:00**	5:30/km (10,9 km/h)	5:00/km (12,0 km/h)	4:30/km (13,3 km/h)
21,1 km : 1h47 **10 km : 47:30**	5:50/km (10,2 km/h)	5:20/km (11,2 km/h)	4:45/km (12,6 km/h)

PÉRIODE DE MISE EN FORME – 21,1 KILOMÈTRES

GROUPE A

DURÉE : 8 SEMAINES

Toutes les séances se déroulent au rythme de l'endurance fondamentale R1. Plusieurs comprennent aussi des segments de course à des rythmes plus rapides R2 ou R3. Exemple du jeudi de la semaine 4. La séance entière dure 45 minutes. Elle se déroule au rythme de l'endurance fondamentale sauf pour les 2 segments de 6 min courus en R2 (2 x 6 min R2). Entre chaque segment en R2, on revient au rythme de l'endurance fondamentale pendant 6 min (6 min entre). R = Repos

JOURS / SEMAINES	Lun.	Mar.	Mer.	Jeu.	Ven.	Sam.	Dim.
8	R	30 min	R	40 min	R	25 min	55 min
7	R	35 min	R	40 min	R	30 min	65 min
6	R	30 min	R	45 min	R	25 min	60 min
5	R	40 min	R	45 min	R	30 min	65 min
4	R	35 min	R	45 min, **2 X 6 min R2** (6 min ENTRE)	R	30 min	60 min
3	R	45 min	R	50 min, **3 X 3 min R3** (3 min ENTRE)	R	30 min	75 min
2	R	40 min	R	45 min, **15 min R2**	R	30 min	65 min
1	R	55 min, **3 X 4 min R3** (4 min ENTRE)	R	45 min	R	30 min	TEST SUR 10 km

ENTRAÎNEMENT SPÉCIFIQUE – 21,1 KILOMÈTRES

GROUPE A

DURÉE : 14 SEMAINES

Toutes les séances se déroulent au rythme de l'endurance fondamentale R1. Plusieurs comprennent aussi des segments de course à des rythmes plus rapides R2 ou R3. Exemple du mardi de la semaine 10. La séance entière dure 55 min. Elle se déroule au rythme de l'endurance fondamentale sauf pour les 2 segments de 5 min courus en R3 (2 x 5 min R3). Entre chaque segment en R3, on revient au rythme de l'endurance fondamentale pendant 5 min (5 min entre). R = Repos

JOURS / SEMAINES	Lun.	Mar.	Mer.	Jeu.	Ven.	Sam.	Dim.
14	R	50 min, **2 X 5 min R3** (5 min ENTRE)	R	45 min, **20 min R2**	R	30 min	70 min
13	R	55 min, **3 X 3 min R3** (3 min ENTRE)	R	40 min, **3 X 6 min R2** (6 min ENTRE)	R	30 min	80 min
12	R	45 min, **6 X 1 min R3** (1 min ENTRE)	R	R	25 min	TEST 5 km	35 min
11	R	60 min, **2 X 4 min R3** (5 min ENTRE)	R	60 min, **2 X 10 min R2** (10 min ENTRE)	R	30 min	65 min
10	R	55 min, **2 X 5 min R3** (5 min ENTRE)	R	55 min, **25 min R2**	R	30 min	85 min
9	R	55 min, **6 X 1 min R3** (1 min ENTRE)	R	60 min, **3 X 8 min R2** (8 min ENTRE)	R	30 min	75 min
8	R	65 min, **4 X 2 min R3** (2 min ENTRE)	R	65 min, **2 X 12 min R2** (8 min ENTRE)	R	30 min	75 min
7	R	45 min, **2 X 3 min R3** (3 min ENTRE)	R	35 min	R	25 min	TEST 21,1 km
6	R	50 min, **2 X 4 min R3** (4 min ENTRE)	R	65 min, **20 min R2**	R	30 min	90 min
5	R	55 min, **6 min R3**	R	60 min, **2 X 9 min R2** (9 min ENTRE)	R	30 min	80 min
4	R	55 min, **2 X 5 min R3** (5 min ENTRE)	R	60 min, **3 X 8 min R2** (8 min ENTRE)	R	30 min	110 min
3	R	45 min, **8 min R3**	R	60 min, **15 min R2** ET **5 min R2** (5 min ENTRE)	R	30 min	90 min
2	R	40 min, **3 X 2 min R3** (2 min ENTRE)	R	50 min, **18 min R2**	R	30 min	75 min
1	R	35 min	R	30 min	R	25 min	VOIR NOTE

NOTE : MARATHON OASIS DE MONTRÉAL – 21,1 km

PROGRAMME D'ENTRAÎNEMENT – 21,1 KILOMÈTRES (DEMI-MARATHON)

GROUPE B

POUR UN RÉSULTAT SE SITUANT ENTRE 1 h 55 ET 2 h 31 AU DEMI-MARATHON

SI VOUS AVEZ RÉUSSI RÉCEMMENT CE CHRONO OU QU'IL CORRESPOND RÉELLEMENT À VOTRE NIVEAU DE FORME ACTUEL	VOICI LES RYTHMES D'ENTRAÎNEMENT QUE VOUS DEVRIEZ ADOPTER		
	R1	R2	R3
21,1 km : 1h55 **10 km : 50:00**	6:10/km (9,7 km/h)	5:40/km (10,5 km/h)	5:00/km (12 km/h)
21,1 km : 2h02 **10 km : 53:20**	6:35/km (9,1 km/h)	6:00/km (10 km/h)	5:20/km (11,2 km/h)
21,1 km : 2h09 **10 km : 56:40**	7:00/km (8,5 km/h)	6:25/km (9,3 km/h)	5:40/km (10,5 km/h)
21,1 km : 2h16 **10 km : 60:00**	7:25/km (8,1 km/h)	6:45/km (8,9 km/h)	6:00/km (10 km/h)
21,1 km : 2h23 **10 km : 64:10**	7:50/km (7,6 km/h)	7:05/km (8,4 km/h)	6:25/km (9,3 km/h)
21,1 km : 2h31 **10 km : 68:20**	8:15/km (7,3 km/h)	7:30/km (8 km/h)	6:50/km (8,7 km/h)

PÉRIODE DE MISE EN FORME – 21,1 KILOMÈTRES

GROUPE B DURÉE : 8 SEMAINES

Toutes les séances se déroulent au rythme de l'endurance fondamentale R1. Plusieurs comprennent aussi des segments de course à des rythmes plus rapides R2 ou R3. Exemple du jeudi de la semaine 3. La séance entière dure 40 min. Elle se déroule au rythme de l'endurance fondamentale sauf pour les 2 segments de 3 minutes courus en R3 (2 x 3 min R3). Entre chaque segment en R3, on revient au rythme de l'endurance fondamentale pendant 3 min (3 min entre). R = Repos

JOURS / SEMAINES	Lun.	Mar.	Mer.	Jeu.	Ven.	Sam.	Dim.
8	R	20 min	R	25 min	R	20 min	40 min
7	R	25 min	R	30 min	R	25 min	45 min
6	R	25 min	R	30 min	R	20 min	40 min
5	R	30 min	R	35 min	R	25 min	50 min
4	R	25 min	R	30 min, **6 min R2**	R	25 min	45 min
3	R	30 min	R	40 min, **2 X 3 min R3** (3 min ENTRE)	R	25 min	60 min
2	R	25 min	R	35 min, **10 min R2**	R	25 min	50 min
1	R	40 min, **2 X 4 min R3** (4 min ENTRE)	R	35 min	R	20 min	TEST 10 km

ENTRAÎNEMENT SPÉCIFIQUE – 21,1 KILOMÈTRES

GROUPE B

DURÉE : 14 SEMAINES

Toutes les séances se déroulent au rythme de l'endurance fondamentale R1. Plusieurs comprennent aussi des segments de course à des rythmes plus rapides R2 ou R3. Exemple du mardi de la semaine 10. La séance entière dure 35 min. Elle se déroule au rythme de l'endurance fondamentale sauf pour les 2 segments de 4 minutes courus en R3 (2 x 4 min R3). Entre chaque segment en R3, on revient au rythme de l'endurance fondamentale pendant 4 min (4 min entre). R = Repos

JOURS / SEMAINES	Lun.	Mar.	Mer.	Jeu.	Ven.	Sam.	Dim.
14	R	35 min, **8 min R3**	R	30 min, **15 min R2**	R	25 min	60 min
13	R	40 min, **2 X 3 min R3** (3 min ENTRE)	R	35 min, **2 X 6 min R2** (6 min ENTRE)	R	25 min	70 min
12	R	40 min, **4 X 1 min R3** (1 min ENTRE)	R	R	20 min	TEST 5 km	30 min
11	R	45 min, **5 min R3**	R	45 min, **2 X 8 min R2** (8 min ENTRE)	R	30 min	60 min
10	R	35 min, **2 X 4 min R3** (4 min ENTRE)	R	40 min, **20 min R2**	R	30 min	80 min
9	R	40 min, **4 X 1 min R3** (1 min ENTRE)	R	45 min, **3 X 7 min R2** (7 min ENTRE)	R	30 min	70 min
8	R	45 min, **3 X 2 min R3** (4 min ENTRE)	R	45 min, **2 X 9 min R2** (6 min ENTRE)	R	30 min	70 min
7	R	40 min, **2 X 3 min R3** (3 min ENTRE)	R	30 min	R	20 min	TEST 21,1 km
6	R	40 min, **4 min R3**	R	50 min, **18 min R2**	R	25 min	85 min
5	R	35 min, **6 min R3**	R	45 min, **2 X 7 min R2** (7 min ENTRE)	R	30 min	75 min
4	R	35 min, **2 X 5 min R3** (5 min ENTRE)	R	45 min, **2 X 8 min R2** (8 min ENTRE)	R	25 min	105 min
3	R	30 min, **6 min R3**	R	40 min, **12 min R2** ET **4 min R2** (4 min ENTRE)	R	25 min	85 min
2	R	25 min, **2 X 2 min R3** (2 min ENTRE)	R	30 min, **15 min R2**	R	20 min	70 min
1	R	30 min	R	25 min	R	20 min	VOIR NOTE

NOTE : MARATHON OASIS DE MONTRÉAL – 21,1 km

PROGRAMME D'ENTRAÎNEMENT POUR LE MARATHON

La marche à suivre

Choisissez toujours un programme d'entraînement en tenant compte de votre expérience en course à pied et de votre niveau de forme actuel. Lisez bien toutes les consignes et cette marche à suivre pour choisir les rythmes d'entraînement au kilomètre (R1, R2, R3) qui correspondent réellement à votre niveau de forme actuel.

Comme nous l'avons rappelé à maintes reprises, vos succès reposent sur le fait de courir au bon rythme. Aussi est-il de première importance de connaître le rythme d'entraînement qui correspond à votre endurance fondamentale, votre R1. Partez d'un résultat récent obtenu sur une des distances parcourues (5 ou 10 km, 21,1 km ou marathon) et consultez le tableau de la page 46 pour déterminer votre R1. Si votre temps de référence vous place entre deux niveaux, choisissez le rythme d'entraînement du niveau inférieur.

Dans les tableaux *Programme d'entraînement pour le marathon*, Groupe A et B (p. 100 et 102), vous trouverez votre rythme d'entraînement en endurance fondamentale, R1. Prenez note de vos rythmes d'entraînement R1, R2, R3.

Ne trichez pas! Vous aurez l'occasion de progresser à l'entraînement et vos progrès se manifesteront probablement à l'occasion des compétitions TESTS suggérées qui font partie intégrante de chaque programme. Ne modifiez vos rythmes d'entraînement que si vous établissez un nouveau temps de référence.

Poursuivez alors votre entraînement avec le même programme (la preuve qu'il fonctionne, c'est que vous vous améliorez). Cependant, adoptez les rythmes d'entraînement qui correspondent à cette nouvelle marque, obtenue lors de la compétition test.

TEST

Vous trouverez dans les programmes des suggestions de faire un TEST ou de participer à une épreuve de course sur route. Votre participation à une épreuve durant votre entraînement, aux moments indiqués et sur la distance suggérée, vous permettra d'évaluer votre niveau de forme et les progrès accomplis. Le test peut aussi prendre la forme d'un entraînement effectué sur un parcours mesuré le plus précisément possible.

Rappelez-vous qu'une bonne mesure de la réussite de votre test serait de parcourir la deuxième partie de l'épreuve un peu plus rapidement que la première. Le rythme de compétition suggéré pour le 5 km est le R4 et pour le 10 km, le R3.

PROGRAMME D'ENTRAÎNEMENT POUR LE MARATHON

Groupe A

Ce programme s'adresse à tous les coureurs qui s'entraînent régulièrement à raison de 4 séances par semaine (en courant une moyenne hebdomadaire de 3 h) et qui ont participé à quelques compétitions de course à pied au cours des derniers mois, dont un demi-marathon.

Ce programme prévoit 5 séances d'entraînement par semaine sur une période de 22 semaines, soit une période de 8 semaines de mise en forme suivie d'une période d'entraînement de 14 semaines.

Groupe B

Ce programme s'adresse à tous les coureurs qui s'entraînent régulièrement à raison de 3 ou 4 séances par semaine (pour un volume hebdomadaire moyen de 2 h 30) et qui ont participé à quelques compétitions de course à pied au cours des derniers mois, dont un demi-marathon.

Ce programme prévoit 4 séances d'entraînement par semaine sur une période de 22 semaines, soit une période de 8 semaines de mise en forme suivie d'une période d'entraînement de 14 semaines.

PROGRAMME D'ENTRAÎNEMENT POUR LE MARATHON (42,195 KM)

GROUPE A POUR UN RÉSULTAT SE SITUANT ENTRE 3 h 05 ET 3 h 45 AU MARATHON

SI VOUS AVEZ RÉUSSI RÉCEMMENT CE CHRONO OU QU'IL CORRESPOND RÉELLEMENT À VOTRE NIVEAU DE FORME ACTUEL	VOICI LES RYTHMES D'ENTRAÎNEMENT QUE VOUS DEVRIEZ ADOPTER		
	R1	R2	R3
MARATHON : 3h05 **21,1 km : 1h28** **10 km : 40:25**	4:55/km (12,2 km/h)	4:25/km (13,5 km/h)	4:05/km (14,6 km/h)
MARATHON : 3h15 **21,1 km : 1h33** **10 km : 42:30**	5:10/km (11,6 km/h)	4:40/km (12,8 km/h)	4:15/km (14,1 km/h)
MARATHON : 3h30 **21,1 km : 1h40** **10 km : 45:00**	5:30/km (10,9 km/h)	5:00/km (12,0 km/h)	4:30/km (13,3 km/h)
MARATHON : 3h45 **21,1 km : 1h47** **10 km : 47:30**	5:50/km (10,2 km/h)	5:20/km (11,2 km/h)	4:45/km (12,6 km/h)

PÉRIODE DE MISE EN FORME – MARATHON

GROUPE A DURÉE : 8 SEMAINES

Toutes les séances se déroulent au rythme de l'endurance fondamentale R1. Plusieurs comprennent aussi des segments de course à des rythmes plus rapides R2 ou R3. Exemple du jeudi de la semaine 4. La séance entière dure 55 min. Elle se déroule au rythme de l'endurance fondamentale sauf pour les 2 segments de 10 min courus en R2 (2 x 10 min R2). Entre chaque segment en R2, on revient au rythme de l'endurance fondamentale pendant 10 min (10 min entre). R = Repos

JOURS / SEMAINES	Lun.	Mar.	Mer.	Jeu.	Ven.	Sam.	Dim.
8	R	40 min	35 min	50 min	R	35 min	50 min
7	R	55 min	35 min	55 min	R	35 min	60 min
6	R	50 min	35 min	50 min	R	35 min	55 min
5	R	50 min	35 min	60 min	R	35 min	75 min
4	R	50 min	35 min	55 min, **2 X 10 min R2** (10 min ENTRE)	R	35 min	65 min
3	R	55 min	35 min	70 min, **4 X 3 min R3** (3 min ENTRE)	R	35 min	85 min
2	R	55 min	35 min	65 min, **25 min R2**	R	35 min	70 min
1	R	65 min, **3 X 4 min R3** (4 min ENTRE)	35 min	40 min	R	35 min	TEST 20 km

ENTRAÎNEMENT SPÉCIFIQUE – MARATHON

GROUPE A

DURÉE : 14 SEMAINES

Toutes les séances se déroulent au rythme de l'endurance fondamentale R1. Plusieurs comprennent aussi des segments de course à des rythmes plus rapides R2 ou R3. Exemple du mardi de la semaine 10. La séance entière dure 55 min. Elle se déroule au rythme de l'endurance fondamentale sauf pour les 3 segments de 5 min courus en R3 (3 x 5 min R3). Entre chaque segment en R3, on revient au rythme de l'endurance fondamentale pendant 5 min (5 min entre). R = Repos

JOURS / SEMAINES	Lun.	Mar.	Mer.	Jeu.	Ven.	Sam.	Dim.
14	R	50 min, **5 X 3 min R3** (3 min ENTRE)	R	75 min, **2 X 15 min R2** (10 min ENTRE)	R	40 min	85 min
13	R	60 min, **4 X 2 min R3** (2 min ENTRE)	R	75 min, **3 X 9 min R2** (9 min ENTRE)	R	35 min	95 min
12	R	50 min, **3 X 3 min R3** (6 min ENTRE)	35 min	R	30 min	TEST 21,1 km R2	45 min
11	R	65 min, **2 X 4 min R3** (4 min ENTRE)	35 min	70 min, **2 X 15 min R2** (10 min ENTRE)	R	40 min	90 min
10	R	55 min, **3 X 5 min R3** (5 min ENTRE)	35 min	65 min, **20 min R2**	R	35 min	130 min
9	R	50 min, **3 X 3 min R3** (3 min ENTRE)	35 min	75 min, **30 min R2**	R	30 min	95 min
8	R	70 min, **3 X 4 min R3** (4 min ENTRE)	40 min	65 min, **3 X 10 min R2** (10 min ENTRE)	R	35 min	120 min
7	R	65 min, **2 X 5 min R3** (5 min ENTRE)	35 min	40 min	R	30 min	TEST 21,1 km
6	R	55 min, **4 X 3 min R3** (3 min ENTRE)	40 min	50 min, **3 X 8 min R2** (8 min ENTRE)	R	30 min	145 min
5	R	65 min, **10 min R3**	35 min	55 min, **25 min R2**	R	40 min	95 min
4	R	45 min, **8 min R3**	40 min	50 min, **2 X 12 min R2** (8 min ENTRE)	R	30 min	165 min
3	R	65 min, **2 X 4 min R3** (4 min ENTRE)	35 min	70 min, **30 min R2**	R	40 min	90 min
2	R	60 min, **3 X 3 min R3** (3 min ENTRE)	35 min	65 min, **2 X 15, R2** (15 min ENTRE)	R	35 min	75 min
1	R	40 min	R	35 min	R	25 min	VOIR NOTE

NOTE : MARATHON OASIS DE MONTRÉAL – 42,2 km

PROGRAMME D'ENTRAÎNEMENT POUR LE MARATHON (42,195 KM)

GROUPE B POUR UN RÉSULTAT SE SITUANT ENTRE 4 h 00 ET 5 h 15 AU MARATHON

CHRONO RÉCENT OU NIVEAU DE FORME ACTUEL	VOICI LES RYTHMES D'ENTRAÎNEMENT QUE VOUS DEVRIEZ ADOPTER		
	R1	R2	R3
MARATHON : 4h00 **21,1 km : 1h55** **10 km : 50:00**	6:10/km (9,7 km/h)	5:40/km (10,5 km/h)	5:00/km (12,0 km/h)
MARATHON : 4h15 **21,1 km : 2h02** **10 km : 53:20**	6:35/km (9,1 km/h)	6:00/km (10 km/h)	5:20/km (11,2 km/h)
MARATHON : 4h30 **21,1 km : 2h09** **10 km : 56:40**	7:00/km (8,5 km/h)	6:25 S/km (9,3 km/h)	5:40/km (10,5 km/h)
MARATHON : 4h45 **21,1 km : 2h16** **10 km : 60:00**	7:25/km (8,1 km/h)	6:45 S/km (8,9 km/h)	6:00/km (10 km/h)
MARATHON : 5h00 **21,1 km : 2h23:00** **10 km : 64:10**	7:50/km (7,6 km/h)	7:05 S/km (8,4 km/h)	6:25/km (9,3 km/h)
MARATHON : 5h15 **21,1 km : 2h31** **10 km : 68:20**	8:15/km (7,3 km/h)	7:30/km (8 km/h)	6:50/km (8,7 km/h)

PÉRIODE DE MISE EN FORME – MARATHON GROUPE B DURÉE 8 SEMAINES

Toutes les séances se déroulent au rythme de l'endurance fondamentale R1. Plusieurs comprennent aussi des segments de course à des rythmes plus rapides R2 ou R3. Exemple du jeudi de la semaine 4. La séance entière dure 55 min. Elle se déroule au rythme de l'endurance fondamentale sauf pour les 2 segments de 8 min courus en R2 (2 x 8 min R2). Entre chaque segment en R2, on revient au rythme de l'endurance fondamentale pendant 8 min (8 min entre). R = Repos

JOURS / SEMAINES	Lun.	Mar.	Mer.	Jeu.	Ven.	Sam.	Dim.
8	R	40 min	R	45 min	R	30 min	50 min
7	R	50 min	R	55 min	R	30 min	60 min
6	R	45 min	R	50 min	R	30 min	55 min
5	R	40 min	R	55 min	R	30 min	75 min
4	R	45 min	R	55 min, **2 X 8 min R2** (8 min ENTRE)	R	30 min	65 min
3	R	55 min	R	65 min, **3 X 3 min R3** (3 min ENTRE)	R	35 min	85 min
2	R	55 min	R	60 min, **2 X 12 min R2** (12 min ENTRE)	R	30 min	70 min
1	R	65 min, **2 X 4 min R3** (4 min ENTRE)	R	35 min	R	30 min	TEST 10 km

ENTRAÎNEMENT SPÉCIFIQUE – MARATHON

GROUPE B

DURÉE : 14 SEMAINES

Toutes les séances se déroulent au rythme de l'endurance fondamentale R1. Plusieurs comprennent aussi des segments de course à des rythmes plus rapides R2 ou R3. Exemple du mardi de la semaine 10. La séance entière dure 55 min. Elle se déroule au rythme de l'endurance fondamentale sauf pour les 2 segments de 5 min courus en R3 (3 x 5 min R3). Entre chaque segment en R3, on revient au rythme de l'endurance fondamentale pendant 5 min (5 min entre). R = Repos

JOURS / SEMAINES	Lun.	Mar.	Mer.	Jeu.	Ven.	Sam.	Dim.
14	R	55 min, 4 X 3 min R3 (3 min ENTRE)	R	75 min, **2 X 12 min R2** (8 min ENTRE)	R	35 min	75 min
13	R	60 min, **3 X 2 min R3** (2 min ENTRE)	R	75 min, **2 X 9 min R2** (9 min ENTRE)	R	25 min	90 min
12	R	40 min, **2 X 3 min R3** (6 min ENTRE)	R	R	25 min	TEST 21,1 km R2	35 min
11	R	60 min, **2 X 4 R3** (4 min ENTRE)	R	65 min, **2 X 12 min R2** (8 min ENTRE)	R	30 min	90 min
10	R	55 min, **2 X 5 min R3** (5 min ENTRE)	R	60 min, **15 min R2**	R	30 min	130 min
9	R	50 min, **3 X 3 min R3** (3 min ENTRE)	R	70 min, **25 min R2**	R	30 min	90 min
8	R	75 min, **2 X 4 min R3** (4 min ENTRE)	R	70 min, **3 X 8 min R2** (8 min ENTRE)	R	30 min	120 min
7	R	45 min, **2 X 5 min R3** (5 min ENTRE)	R	40 min	R	30 min	TEST 21,1 km
6	R	55 min, **3 X 3 min R3** (3 min ENTRE)	R	45 min, **3 X 6 min R2** (6 min ENTRE)	R	25 min	150 min
5	R	60 min, **2 X 5 min R3** (5 min ENTRE)	R	50 min, **20 min R2**	R	35 min	95 min
4	R	40 min, **6 min R3**	R	45 min, **2 X 10 min R2** (10 min ENTRE)	R	R	180 min
3	R	60 min, **2 X 4, R3** (4 min ENTRE)	R	70 min, **25 min R2**	R	35 min	90 min
2	R	55 min, **2 X 3 min R3** (3 min ENTRE)	R	65 min, **2 X 10 min R2** (10 min ENTRE)	R	30 min	75 min
1	R	35 min	R	30 min	R	20 min	VOIR NOTE

NOTE : MARATHON OASIS DE MONTRÉAL – 42,2 km

PLANIFIEZ VOTRE SAISON

Maintenant que nous avons fait le tour du buffet, il ne reste plus qu'à composer votre menu personnel ! Comme au restaurant, il faut maintenant faire ses choix. Toutefois, même avec le plus grand appétit, il n'y a pas assez de semaines dans l'année pour suivre 4 programmes d'entraînement de 22 semaines ! En effet, 5 km, 10 km, 21,1 km et marathon = 4 distances ; 4 distances x 22 semaines par programme d'entraînement = 88 semaines !

Quoi qu'il en soit, ce n'est pas qu'une question de mathématiques car la première clé du succès, c'est d'éviter l'improvisation (en vertu de notre philosophie de l'entraînement). Or, comme nous le disions, ça *commence par un programme*. Planifier sa saison, c'est adopter un programme d'entraînement… pour toute l'année.

Certains sceptiques vous diront que, de toute façon, peu importe l'entraînement ou les compétitions, il en « reste toujours quelque chose » ! C'est bien entendu ! Quand on ne sait pas où l'on va, on ne risque pas de se tromper de chemin!

« Pourvu que j'arrive quelque part , dit Alice au Minet-du-comté-de-Chester,

— Oh ! tu ne manqueras pas d'arriver quelque part, si tu marches assez longtemps. »

C'est vrai qu'on finit toujours par arriver quelque part si on… court assez longtemps ! Mais on peut faire mieux : se garder d'une trop grande « spontanéité », se donner une idée à l'avance de sa destination et prendre le chemin le plus court pour y arriver.

UNE SAISON DE 22 À 30 SEMAINES POUR LES COUREURS SAISONNIERS

Généralement, les coureurs saisonniers font de la course à pied du printemps à l'automne et d'autres sports de l'automne au printemps. Leur planification annuelle n'est pas trop difficile à faire. Pour eux, la saison épouse pratiquement la durée de l'un ou l'autre des programmes d'entraînement de 22 semaines présentés dans ce livre. Il leur suffit de reprendre en douceur et progressivement l'entraînement pendant 6 à 8 semaines avant d'entamer un programme d'entraînement de 22 semaines sur une distance donnée, et leur programme annuel est complet !

UNE DÉMARCHE DE PLANIFICATION BONNE POUR TOUS LES COUREURS

Voici une démarche à suivre pour bien planifier l'exécution d'un programme d'entraînement de 22 semaines. Pour les coureurs saisonniers, suivre cette démarche revient à planifier leur année ; pour les coureurs réguliers, elle revient à en planifier une partie importante : 22 semaines sur 52 !

La démarche :

(1) Choisir la date de l'événement majeur de votre prochaine saison. Si vous faites comme des milliers de coureurs du Québec et décidez de participer à l'un des événements du Marathon Oasis de Montréal en septembre, ou si vous prévoyez de faire d'un autre événement votre compétition principale, entourez cette date sur un calendrier, car elle marquera probablement la fin de votre saison.

(2) Choisir la distance que vous comptez franchir : 5 km ? 10 km ? 21,1 km ? ou le marathon ?

(3) Établir les rythmes d'entraînement (R1, R2, R3 et R4, le cas échéant) qui conviennent à votre situation et à la distance choisie à l'aide du tableau des rythmes d'entraînement.

(4) Adopter le programme d'entraînement du groupe A ou B correspondant.

(5) Examiner ensuite les détails du programme d'entraînement pour entourer sur votre calendrier les dates importantes qui jalonneront votre préparation :

- le début et la fin de la période de mise en forme de 8 semaines ;
- le début et la fin des 14 semaines d'entraînement établies ;
- les dates de participation à un test ou à une épreuve prévus au programme.

(6) Consultez les publications sur le sujet pour vous procurer un calendrier des courses sur route au Québec. Depuis plus de 10 ans, Courir.org met en ligne un calendrier détaillé de tous les événements de course à pied qui se déroulent au Québec. Vous pourrez ainsi déterminer à quelles compétitions vous participerez. Notez que parfois le calendrier des compétitions ne coïncide pas parfaitement avec les prévisions du programme et qu'il faudra alors s'adapter. Par exemple, une épreuve prévue pour le samedi n'aura lieu que lendemain, ou bien le 21,1 km sera supprimé du programme, mais il y aura un 20 km offert cette fin de semaine-là. Ce sont des choses qui arrivent ! Si le test proposé à l'intérieur du programme d'entraînement arrive à une semaine d'écart de l'événement auquel vous voulez participer, vous pouvez tout simplement inverser deux semaines de la grille d'entraînement afin de faire la compétition prévue sans dépasser le volume prescrit.

Prenons l'exemple du coureur saisonnier qui a l'intention de faire un demi-marathon, cette année. Cet exemple s'applique tout autant à un coureur régulier qui aurait pris la même décision et qui en ferait un élément prioritaire de sa saison.

Après s'être assuré de satisfaire à toutes les conditions préalables pour réussir un tel programme, il dressera son plan. Voici à quoi un tel plan pourrait ressembler (entre parenthèses, la réponse éventuelle aux questions soulevées dans les étapes décrites plus haut).

(1) **Date de l'événement majeur de la saison.** Marathon Oasis de Montréal, le dimanche 25 septembre. La semaine débutant le lundi 19 septembre 2011 devient donc la semaine 1 du programme de 14 semaines.

(2) **Principal objectif.** Participer au demi-marathon (21,1 km).

(3) **Rythmes d'entraînement.** Supposons que le dernier chronométrage enregistré par le coureur était de 55 min sur 10 km. Pour établir ses rythmes d'entraînement pour le demi-marathon, il doit repérer ce chronométrage dans le tableau des rythmes d'entraînement pour le 21,1 km. Or, ce chrono ne s'y trouve pas comme tel. Le coureur devra donc adopter les rythmes d'entraînement de la ligne inférieure. C'est ce que nous recommandons toujours de faire, d'autant plus que ce coureur saisonnier n'a pas couru au cours des derniers mois. Il adoptera donc les rythmes d'entraînement équivalant à un chrono de 56 min 40 s au 10 km. Ces rythmes d'entraînement l'amèneront à s'entraîner à raison de 2 h 09 min sur 21,1 km le jour venu. Ses rythmes d'entraînement seront donc : pour R1, 7 min au km ; pour R2, 6 min 25 s au km ; pour R3, 5 min 40 s au km.

(4) **Programme d'entraînement.** Groupe B, au 21,1 km.

(5) **Dates importantes du programme d'entraînement :**

- Début de la période de mise en forme de 8 semaines le lundi 25 avril 2011.
- Dernière semaine de mise en forme le lundi 13 juin 2011.
- Test sur : 10 km le dimanche 19 juin 2011.
- Début de la période d'entraînement de 14 semaines le lundi 20 juin 2011.
- Test sur 5 km, samedi ou dimanche, le 9 ou 10 juillet 2011.
- Test sur 21,1, le 14 août 2011.

(6) **Événements de course sur route.** Voir le calendrier de ces événements et choisir en fonction des dates et des distances offertes.

Dès lors, ce coureur saisonnier aura devant lui la planification complète de sa saison de 22 semaines, dont le point culminant sera le 21,1 km du Marathon Oasis de Montréal. De son côté, le coureur régulier aura en main la planification d'une partie très importante de sa saison.

Nous avons préparé une grille de planification annuelle qui pourrait vous être fort utile dans la planification de votre saison. Elle se présente sous la forme d'un calendrier d'une seule page affichant les faits saillants de chaque semaine de l'année. Nous avons reproduit ci-dessous un extrait de cette grille, complétée d'une partie des 22 semaines du programme d'entraînement au 21,1 km de l'exemple précédent.

Une grille vierge de planification annuelle vous est offerte sur le site Web consacré au présent livre : http://couriraubonrythme.com. Cette grille procure une vue d'ensemble de toute votre année : compétitions prévues, distances, endroits et priorités ainsi que tous les blocs de programmes d'entraînement que vous entendez suivre durant l'année. Elle permet d'adapter le tout à votre situation, en fonction de la ou des épreuves majeures de votre saison et de vos dates de début et de fin de vos programmes d'entraînement. Vous serez ainsi à même de déceler immédiatement les éventuels conflits d'horaire résultant d'une trop grande concentration d'activités au cours d'une même période. Dans la section suivante, nous y ferons référence, au moment de déterminer la planification de toute une année de courses et d'entraînement.

	Semaine du		Lun.	Mar.	Mer.	Jeu.	Ven.	Sam.	Dim.	Compétition et distance	P
22	30 mai 2011	3									
23	6 juin 2011	2									
24	13 juin 2011	1							X	Compétition ou test 10 km	C
25	20 juin 2011	14								Début de l'entraînement spécifique	
26	27 juin 2011	13									
27	4 juil. 2011	12						X		Compétition ou test 5 km	B
28	11 juil. 2011	11									
29	18 juil .2011	10									
30	25 juil. 2011	9									
31	1 août 2011	8									
32	8 août 2011	7							X	Compétition ou test 21,1 km	B
33	15 août 2011	6									
34	22 août 2011	5									
35	29 août 2011	4									
36	5 sept. 2011	3									
37	12 sept. 2011	2									
38	19 sept. 2011	1							X	Marathon Oasis de Montréal 21,1 km	A

LA PLANIFICATION ANNUELLE

Pour un coureur régulier, qui court à longueur d'année, dresser un plan annuel de toutes ses activités de course à pied revêt la même importance que de suivre un programme d'entraînement de 8, 14 ou 22 semaines dans le but de participer à une compétition sur une distance donnée.

Nous avons vu précédemment la démarche fondamentale à suivre pour établir cette planification autour d'un des programmes d'entraînement de 22 semaines. Il faudra reprendre cette démarche avec chaque programme ou grille d'entraînement que l'on décidera d'ajouter à sa planification annuelle afin de mettre au point la planification de toutes les semaines de l'année.

UNE ANNÉE, DEUX SAISONS, TROIS PÉRIODES

Nous vivons dans un pays où les compétitions se tiennent majoritairement à l'intérieur durant une période d'environ huit mois, soit de mars à octobre. Il faut donc tenir compte de cette réalité bien de chez nous : un hiver froid de quatre mois et une saison de compétitions de huit mois.

Nous diviserons donc l'année en 3 périodes d'environ 4 mois afin de mieux répartir l'entraînement en fonction des objectifs de chacun. Ces trois périodes de l'année se divisent à peu près comme suit :

– **Basse saison :** de novembre à février – repos annuel, transition et préparation.

– **Haute saison 1 :** de mars à juin – pré-compétition et compétition.

– **Haute saison 2 :** de juillet à octobre – pré-compétition et compétition.

– Jean-Yves Cloutier applique, en tant qu'entraîneur, la « double périodisation » - terme « savant » pour dire qu'il organise l'entraînement de manière à ce que mes athlètes puissent atteindre deux sommets de forme (les fameux *peak* dont parlent les Américains) dans la deuxième partie de chacune des périodes 2 et 3, en mai-juin puis en septembre-octobre de chaque année.

Revoyons ensemble les caractéristiques de ces périodes.

La période 1, ou la basse saison, constitue une étape de transition. Elle permet aux coureurs de s'accorder un repos annuel en novembre ou décembre et de procéder ensuite à un retour progressif à la forme au cours des mois de janvier et de février. Certains en profitent aussi pour adopter un programme de musculation adapté ou pour pratiquer un exercice cardio comme le ski de fond, en alternance avec la course à pied.

Les périodes 2 et 3 ressemblent à des minisaisons de quatre mois, comptant approximativement seize semaines. En décidant de suivre successivement un programme de 22 semaines d'entraînement et un autre de 14 semaines, les coureurs réguliers auront planifié l'essentiel de leur saison. (22 + 14 = 36 semaines d'entraînement étalées sur deux minisaisons de 4 mois chacune, environ 34 semaines).

Il leur suffit donc de reprendre la démarche déjà présentée (pour le programme de 22 semaines) et de sélectionner sur leur grille de planification annuelle les 14 semaines de ce deuxième programme d'entraînement. Cela complétera la planification des périodes 2 et 3 tout en pointant clairement les moments forts, soient les compétitions majeures pour lesquelles ils se seront entraînées. Si vous décidez d'aller de l'avant en suivant cette approche, il vous suffit de reprendre la démarche déjà présentée pour le deuxième programme d'entraînement de 14 semaines et mettre ainsi en œuvre toute cette partie de la grille.

LE REPOS ANNUEL

Reste ce que nous avons appelé la basse saison. Commençons par le plus facile : le repos annuel. Planifier son repos annuel peut sembler sans importance, mais attention, c'est loin d'être insignifiant ! Le repos est une *partie intégrante et indispensable de l'entraînement* – ne le sous-estimez jamais même si la documentation n'est pas très bavarde sur le sujet !

Durant une séance d'entraînement avec répétitions à haute intensité, on prévoit des moments de récupération : avant et après les compétitions importantes, on se repose. Il y a des jours de repos inscrits au programme d'entraînement hebdomadaire et il *faut* aussi prendre *congé de la course chaque année.*

Je recommande non seulement que les coureurs prennent un repos annuel de 4 à 6 semaines, mais aussi qu'ils se donnent un repos complet de 2 semaines sans entraînement. Oui, oui, vous avez bien lu : 2 semaines sans courir du tout. Contentez-vous alors de recharger les batteries, de reposer vos muscles, de vous détendre, de vous changer les idées – de prendre des vacances, quoi !

Après 2 semaines de repos complet, on effectue un retour progressif à l'entraînement à raison de 3 fois par semaine. On reprend pour de bon l'entraînement à la course après une période de 2 à 4 semaines de retour progressif, selon son niveau, mais on doit rester bien en deçà de ses moyens au début, afin de remettre progressivement la machine en marche.

Ne vous en faites pas, une année d'entraînement c'est long et le corps a besoin de repos. Deux semaines de congé ne défont pas une ou plusieurs années d'entraînement, au contraire, elles vous relancent, batteries rechargées, et vous serez un peu plus affamé d'entraînement et de course à pied.

Généralement, la période des fêtes est propice à ce congé. Au club Les Vainqueurs, l'entraînement cesse à la fin de novembre et reprend au début janvier de chaque année.

Les coureurs réguliers doivent inscrire à leur calendrier de planification annuelle 2 semaines complètes de congé et de 2 à 4 semaines de retour progressif à l'entraînement.

LE RESTE DE LA BASSE SAISON

C'est une période de transition. C'est une partie de l'entraînement au cours de laquelle on se prépare et on se répare. Si vous faites le décompte, vous aurez déjà, au cours de votre année, planifié 38 semaines d'entraînement et de compétition pour les deux minisaisons et vous aurez profité d'un repos annuel de 6 semaines. Il ne vous reste donc plus que 8 semaines dans votre année. Il faut en profiter pour faire de l'entretien, pour courir en forêt durant la saison de cross-country et de course sur piste, pour augmenter légèrement votre kilométrage à la faveur d'un programme de mise en forme de 8 semaines approprié aux distances les plus longues, comme le marathon ou le demi-marathon (même si vous n'êtes pas prêt à entreprendre le programme d'entraînement conçu pour le marathon).

Surtout, il faut garder à l'esprit l'idée de basse saison – ce n'est pas la saison des progrès spectaculaires, des compétitions importantes, des nouveaux records personnels. C'est comme un grand retour au calme avant le repos annuel et un grand échauffement avant les deux minisaisons de l'année.

Voici donc, dans ses grandes lignes, en quoi consiste la planification type d'un coureur régulier :

- Un programme d'entraînement complet de 22 semaines pour atteindre l'objectif principal.
- Un programme d'entraînement de 14 semaines pour compléter les deux minisaisons de l'année.
- Un programme de 8 semaines de mise en forme supplémentaires en basse saison.
- Un repos annuel (et reprise de l'entraînement) de 6 semaines.

DES CONSIDÉRATIONS PLUS GÉNÉRALES POUR LA PLANIFICATION ANNUELLE

ÉTABLISSEZ VOS OBJECTIFS POUR L'ANNÉE

Comme nous l'avons vu plus haut, les objectifs et les priorités des coureurs varient selon les individus. C'est personnel et il n'existe aucun cadre valable pour tous !

– Des débutants voudront suivre les trois programmes qui leur correspondent, afin de participer à la fin de l'année à une première compétition de 5 km.

– Certains coureurs réguliers et avancés poteront plutôt leur choix sur une ou deux priorités, comme l'amélioration de leur temps sur une distance plus courte durant la première partie de l'année, pour ensuite passer à l'entraînement en vue d'une épreuve plus longue en deuxième partie de l'année.

– Certains ne prendront l'année que pour entretenir leur forme.

– Certains voudront courir leur premier 21,1 km ou améliorer leur temps au 10 km, ou encore se classer pour le marathon de Boston ou de New York, afin de participer à une épreuve de championnat.

Bref, il y a presque autant d'objectifs possibles pour une année qu'il y a de coureurs !

C'est à vous de vous fixer un ou des objectifs réalistes, stimulants, correspondant à votre niveau de développement, votre expérience en course à pied, donc réellement à votre portée. Choisissez quelque chose de simple, de clair, de mesurable et de modeste. Pensez aux trois étoiles décernées après une partie de hockey. Quel objectif vous ferait remporter la première étoile ? la deuxième étoile ? la troisième étoile ?

La meilleure façon de préciser un objectif concret, c'est de le situer dans le temps, autour d'une distance et en vue d'une compétition choisie. C'est pourquoi nous vous suggérons d'agencer vos objectifs et de les traduire par des moments forts de l'année où vous comptez les atteindre, au terme d'un entraînement approprié.

LE CHOIX DES COMPÉTITIONS À MENER DANS L'ANNÉE

Je suggère toujours aux coureurs de choisir 3 ou 4 compétitions par année, chacune sur une distance différente, et d'en faire des rendez-vous prioritaires. Il s'agit en quelque sorte de se constituer un « grand chelem » de compétitions constitué d'une épreuve de 5 km, d'une autre de 10 km, d'une autre de 21,1 km et d'un marathon, dans la mesure où votre niveau d'entraînement et d'expérience vous le permet. À défaut de marathon ou de demi-marathon, une épreuve de 2 ou 3 km peut très bien faire l'affaire.

Il est important de varier les distances des compétitions durant une année. Les compétitions de 2 ou 3 km constituent autant d'occasions d'initier un débutant (de 13 ans et plus). Pour les autres coureurs, elles constituent un test de vitesse et sont complémentaires de tout bon programme d'entraînement.

On remarque aussi que plusieurs coureurs participent régulièrement à des compétitions de 10 km, mais évitent systématiquement celles de 5 km, les jugeant trop rétrogrades à leurs yeux. Rien ne saurait être plus déraisonnable. Le 5 km est une épreuve intéressante et importante, qui vous amène à courir à des rythmes plus rapides. En outre, il n'exige pas autant de temps de récupération que le 10 km dans les jours suivant la compétition. Sans compter que le résultat de l'épreuve du 5 km sert aussi de temps de référence pour évaluer son rythme d'entraînement le plus rapide, le R4. N'oubliez pas que les secondes gagnées au 5 et au 10 km se traduiront en minutes au marathon si vous envisagez d'y prendre part un jour !

AVANT DE COURIR UN MARATHON

Encore un mot au sujet de la sélection des compétitions auxquelles vous participerez cette année. Le marathon reste un défi prestigieux à relever et à ranger parmi les grandes réalisations d'une vie d'athlète. C'est indéniable. Plusieurs en font l'épreuve maîtresse de leur saison. D'accord. Plusieurs croient aussi, à tort, qu'on n'est pas encore un coureur digne de ce nom, tant qu'on n'a pas couru un marathon. C'est ici qu'il faut prendre une bonne respiration. Nous n'en sommes plus à la première vague et à ces comparaisons boiteuses. Il ne faut pas prendre à la légère ce que représente la distance du marathon. Il ne faut pas s'engager dans une telle aventure à moins d'y être vraiment bien préparé. Durant la première vague, on a souvent vu tellement de coureurs s'inscrire trop rapidement à cette épreuve sans avoir la base d'endurance nécessaire et le regretter amèrement ensuite. Voici les conditions que je vous suggère de remplir avant de vous inscrire au marathon :

– Faites d'abord une première année de course à pied : contentez-vous de compétitions sur 2, 3, 5 et 10 km, en alternance durant toute la saison.

– Si vous avez couru tout l'hiver régulièrement, à la suite de cette première année, vous pourriez envisager, par exemple, de courir un 10 km en mars ou en avril (à la fin de la première demi-saison), pour entreprendre ensuite le programme de 22 semaines conduisant au demi-marathon à la fin de la deuxième minisaison de l'année.

– C'est après deux hivers complets à s'entraîner régulièrement, qu'on est réellement prêt à s'inscrire au marathon, que ce soit pour la fin de la première minisaison (en mai ou juin) ou à la fin de la deuxième (en septembre-octobre).

Au fil des ans, je constate qu'après un marathon, environ 25 % des coureurs sont très satisfaits de leur performance, car ils ont atteint leur objectif. Une autre proportion de 50 % est satisfaite de ses résultats compte tenu des conditions, alors que les 25 % restants sont déçus à cause de problèmes inattendus éprouvés durant la course.

Il vaut mieux se sentir prêt avant de s'y inscrire. L'épreuve du marathon est unique et l'adage dit bien que peu importe la préparation, tout peut arriver. Il vaut donc mieux mettre toutes les chances de son côté en se répétant que rien ne presse !

ACCORDER DES PRIORITÉS DIFFÉRENTES AUX COMPÉTITIONS

Les compétitions auxquelles vous participerez durant l'année ne sont pas toutes d'égale importance. C'est pourquoi dans votre planification annuelle, vous devrez non seulement choisir les distances et les dates de vos compétitions, mais aussi attribuer à chacune d'elles un statut correspondant à son importance dans votre saison. À cette fin, la dernière colonne de la grille de planification annuelle comporte des espaces vous permettant de marquer, à côté de chaque compétition, l'ordre d'importance que vous lui attribuez par rapport à vos objectifs.

S'agit-il d'une compétition majeure pour vous ? Si oui, c'est une priorité A. La compétition constitue-t-elle un pas vers l'atteinte de vos objectifs et un moyen de mesurer votre progression ? Alors, c'est une priorité B. Ou est-ce plutôt une course à laquelle vous allez participer pour le plaisir ou comme s'il s'agissait plutôt d'un entraînement ? Si oui, priorité C.

Commençons par le plus important : les compétitions de priorité A. Pensez aux compétitions de votre « grand chelem ». Pensez, pour cette fois, comme un coureur d'élite qui a décidé de s'entraîner en vue d'un championnat. Imaginez un événement important de votre saison. Il ne s'agit évidemment pas de se prendre pour un champion et de se fixer des objectifs irréalistes ou un programme qui ne vous convient pas. Il ne s'agit pas non plus de s'imposer un stress inutile à ce propos ! Il suffit de se projeter vers l'avenir et de se donner un rendez-vous avec soi-même dans l'année.

Comme on le sait, pour plusieurs coureurs au Québec, les compétitions du Marathon Oasis de Montréal représentent le point culminant de leur saison. C'est là qu'ils entendent faire de leur mieux, c'est là qu'ils relèvent le défi de leur saison. C'est leur rendez-vous principal de l'année. Cette épreuve constitue une priorité A.

Certains préfèrent participer à d'autres compétitions. Leur calendrier sera différent. En raison de leurs obligations, ils préfèrent les petits événements pour y accomplir ce qu'ils considèrent comme leur épreuve principale de l'année, une épreuve de priorité A.

Comme l'année compte deux minisaisons d'environ 16 semaines, on peut aussi affecter à chacune d'elles une compétition importante, de priorité A, pour laquelle on s'entraînera plus particulièrement.

Voyez les détails du programme d'entraînement pour la ou les distances que vous avez désignées comme étant vos compétitions de priorité A. Repérez les jours de test ou de compétition. Attribuez-leur la priorité A ou B.

LES COMPÉTITIONS DE PRIORITÉ C

Il est maintenant temps de décider du nombre de compétitions supplémentaires auxquelles vous aimeriez participer.

Au Québec, le réseau de compétitions de course sur route est très développé et des plus accessibles. La plupart des courses ont lieu en fin de semaine. Si certains coureurs se contentent de participer à trois compétitions par année, d'autres s'inscriront à une vingtaine.

Le nombre de compétitions que vous mènerez ne constitue pas un critère de la qualité de votre planification. D'abord, vous devriez tenir compte du bilan de votre saison précédente. À combien de courses avez-vous participé ? Soyez prudent avant de multiplier ce nombre pour l'année suivante ! Il est clair que lorsque vous ferez votre planification annuelle, il vous faudra laisser de côté certains événements intéressants. Si vous ne le faites pas, vous vous engagerez dans une saison qui sera trop longue ; vous risquerez de manquer de souffle à l'automne.

CONSTRUIRE UN ÉDIFICE AVEC LES BLOCS

Les programmes d'entraînement constitués de blocs de 8 et de 14 semaines offrent beaucoup de flexibilité aux coureurs dans la planification de leur année d'entraînement et de compétition. Il est possible qu'après avoir terminé un bloc de 8 semaines d'entraînement (période de mise en forme), vous vous ravisiez et décidiez de vous engager dans un programme d'entraînement sur *une autre distance*, inférieure.

Supposons, par exemple, que vous complétez le programme de la période de mise en forme du 21,1 km, d'une durée de 8 semaines. Si vous ne vous sentez pas prêts à augmenter par la suite votre volume d'entraînement, vous pouvez tout simplement entamer le programme d'entraînement de 14 semaines pour le 5 ou le 10 km.

On peut donc mettre en œuvre les programmes de 8 semaines des périodes de mise en forme pour se remettre à la tâche après une interruption, pour augmenter légèrement son volume d'entraînement ou tout simplement pour se préparer à un programme d'entraînement de 14 semaines. Ces programmes sont excellents également pour revenir à l'entraînement après le repos annuel (Voir *Le repos annuel*, p. 109)

Encore une fois, le plus important est de respecter vos rythmes d'entraînement. À cet égard, voyons quelques exemples typiques ainsi que quelques règles à respecter pour compléter votre calendrier annuel à l'aide des blocs d'entraînement.

Pour au moins une des compétitions de priorité A, suivez un programme de 22 semaines complet – 8 semaines pour la période de mise en forme et 14 semaines d'entraînement.

Chaque fois que vous entamez un entraînement sur une nouvelle distance – vos premiers 5 km, 10 km, 21,1 km ou marathon –, effectuez les 22 semaines d'entraînement.

Pour les distances du marathon et du demi-marathon, faites les 22 semaines à quelques reprises. Il s'agit d'une question de volume et de préparation à l'entraînement sur de plus longues distances de compétition.

Pour les coureurs réguliers, qui ont quelques années d'expérience et qui ont couru à quelques reprises le 5 et le 10 km, il n'est plus toujours nécessaire de passer par la période de mise en forme avant de s'entraîner. Ces coureurs peuvent l'omettre ou suivre la mise en forme associée au programme du demi-marathon ou du marathon.

N'hésitez pas à consulter le site Web associé au présent ouvrage et destiné à répondre aux besoins des coureurs : http://couriraubonrythme.com. Nous vous invitons à télécharger la grille de planification annuelle pour l'année en cours. Vous ne regretterez pas d'entreprendre cet exercice qui deviendra, au fil des années, un rituel intéressant pendant la basse saison et votre repos annuel ! Bonne saison !

CONSEILS POUR LES COUREURS AVANCÉS

DES CONSEILS ET NON DES PROGRAMMES

Précisons d'emblée que c'est en appliquant exactement la même philosophie d'entraînement que nous avons conseillé, et conseillons toujours, non seulement des coureurs sur route, mais aussi des athlètes de haut niveau comme Isabelle Ledroit (38e au marathon du Championnat du monde d'athlétisme en 2001 et dix fois membre de l'équipe canadienne) ou Karine Belleau-Béliveau (meilleure performance au 1 500 m au Québec en 2010, 6e au 800 m et au 1 500 m aux jeux de la Francophonie en 2009). J'ai donc eu maintes et maintes fois l'occasion de vérifier la justesse de cette philosophie tout en la développant au fil des ans.

Bien entendu, suivre la même philosophie n'implique pas pour les athlètes de s'engager dans n'importe quel programme ou formule en souhaitant simplement que « ça marche ». Si l'improvisation est mauvaise conseillère pour tout athlète dans le peloton, elle devient assassine pour les coureurs avancés.

Les programmes d'entraînement qu'on élabore avec les athlètes de haut niveau sont beaucoup plus complexes que ceux conçus pour les coureurs réguliers. Ils tiennent compte de beaucoup plus de détails ; ils incorporent un grand nombre de paramètres personnels et particuliers de la situation et des antécédents de chaque athlète. Ils sont personnalisés avec rigueur en fonction des priorités de la compétition.

Tout le monde est en mesure de comprendre cela.

Voilà pourquoi nous ne proposons pas de programmes aux coureurs avancés.

Proposer une formule universelle qui convient à tous les coureurs est très aléatoire. Nous ne croyons pas qu'on puisse en toute honnêteté bâtir un programme que les coureurs n'auraient qu'à suivre pour atteindre un chrono de 2 h 30 à leur prochain marathon ! Ce serait leur manquer de respect et ce serait également manquer à nos responsabilités d'entraîneur. Nous le savons par expérience, on n'arrive pas à ces niveaux de performance en appliquant des recettes qui ne tiennent aucunement compte des particularités de chaque athlète.

Si vos performances excèdent les dix niveaux distingués dans les programmes présentés jusqu'ici ou si vous vous classez dans la tranche des 10 % des meilleurs coureurs de votre groupe d'âge dans les compétitions, voici ce que je vous propose :

– Inspirez-vous de la philosophie d'entraînement présentée dans ce livre pour adapter les programmes à vos besoins, à vos antécédents et à vos objectifs.

– Consultez le tableau des rythmes d'entraînement destiné aux coureurs avancés (Voir p. 123) afin de vous guider dans l'adoption des rythmes qui vous conviennent.

– Profitez des conseils que vous trouverez dans cette section pour vous orienter. Toutes ces observations sont tirées de l'expérience d'athlètes avancés qui ont dû trouver un régime d'entraînement pour atteindre de nouveaux sommets.

LE VOLUME D'ENTRAÎNEMENT

Les coureurs avancés doivent jongler, comme les entraîneurs, avec certains ingrédients quand vient le temps d'établir leur régime d'entraînement. Je voudrais en survoler quelques-uns avec vous.

Plus on a de l'expérience et plus notre niveau de performance est élevé, plus on doit augmenter le volume de notre entraînement hebdomadaire, c'est-à-dire le nombre de kilomètres (ou le nombre de minutes) à franchir chaque semaine.

La règle universellement reconnue veut qu'il soit sécuritaire d'augmenter son kilométrage hebdomadaire moyen de 10 % par année. Si vous avez suivi nos programmes, vous pourriez appliquer le même principe au nombre de minutes courues chaque semaine.

Si vous courez déjà une moyenne hebdomadaire de 65 à 70 km à longueur d'année, vous devez vous conformer à cette règle. À cette fin, vous devez connaître le nombre de kilomètres que vous avez parcourus l'année précédente. Il vous faut donc faire le bilan de votre entraînement et consulter votre carnet d'entraînement. Lorsque vous connaissez votre total annuel, calculez votre moyenne en divisant non pas par 52 semaines, mais bien par 48 (pour tenir compte des quatre semaines de repos annuel).

Attention ! Prenez le temps de noter votre kilométrage hebdomadaire moyen le plus élevé et le plus bas, et observez un peu les fluctuations qui ont marqué votre année. Il est inutile d'entreprendre une explication de tous les aspects de cette analyse, mais vous aurez avantage à observer certaines tendances quant aux saisons, à votre participation aux compétitions, à votre emploi du temps et aux « petits bobos » apparus en cours de route.

Si rien d'anormal ne vous saute aux yeux, vous pourriez, si vous le désirez, augmenter votre kilométrage moyen de 10 % pour la prochaine année. Ainsi, si votre moyenne se chiffrait à 70 km par semaine durant l'année écoulée, vous pourriez planifier une moyenne de 77 pour l'année suivante (70 x 110/100 = 77).

Connaissant votre rythme en endurance fondamentale (R1), il vous sera facile de traduire en kilomètres le nombre de minutes à courir en une semaine. Si, par exemple, votre R1 s'élève à 5 min le kilomètre et que vous avez couru 250 min en R1, vous savez que vous avez parcouru au moins 50 km (250/5), soit 70 % de votre volume hebdomadaire. Comme les intensités en R2, R3 et R4 représentent 30 % du volume hebdomadaire, on doit ajouter 20 km ou 85 min, pour un total global de 70 km.

Mais comment doser le volume d'entraînement ? Une moyenne de 77 km ne consiste pas nécessairement à courir 77 km par semaine pendant 48 semaines par année ! Il existe plusieurs règles qu'un bon entraîneur saura appliquer pour juger de votre planification, mais qu'il serait trop compliqué d'expliquer ici. Il faut tenir compte de la saison (haute ou basse), du moment à l'intérieur de la saison (fin du repos annuel? période de mise en forme ?), de la proximité et de l'importance des compétitions à venir, de la nature et de la durée du programme d'entraînement, de la distance de compétition (5 km ou marathon ?), etc.

L'une des règles les plus complexes, mais des plus importantes à respecter, c'est d'éviter d'augmenter en même temps le volume d'entraînement *et* le travail en intensité. Ces changements doivent être bien dosés, car solliciter l'organisme « par les deux bouts » (endurance et intensité) en même temps pourrait vous amener au surentraînement à moyen terme.

Une solution s'offre à vous, si vous voulez bien vous en donner la peine. Vous pourriez analyser les programmes d'entraînement du groupe A et évaluer les fluctuations hebdomadaires du volume et de l'intensité. Nous vous recommandons même, pour plus de précautions, de calquer cette distribution du kilométrage et de l'intensité. Généralement, cette distribution du volume, dans nos programmes, s'étend sur des cycles de 2 et 3 semaines.

Avec quelques calculs, vous pourriez, par exemple, conclure qu'il vous suffit d'augmenter de 20 % le volume correspondant au R1 pour atteindre votre cible. Vous profiteriez ainsi d'un modèle éprouvé quant à la distribution du kilométrage d'une semaine à l'autre.

Autre précaution : si vous en êtes à vos premières années, ne cherchez pas à augmenter trop rapidement votre kilométrage. En suivant les programmes proposés dans ce livre durant les premières années de votre entraînement, vous augmenterez progressivement votre kilométrage et vous vous « ferez les jambes » peu à peu. Prenez soin de graduer l'augmentation de votre volume d'entraînement en R1, même si vos performances avoisinent le seuil des niveaux suggérés. Pensez à long terme et faites preuve de prudence.

Finalement, ici comme pour tous les autres sujets dont nous avons discuté dans cette section, le meilleur conseil est de faire valider par un entraîneur compétent vos idées et vos plans en ce qui concerne l'augmentation du volume de votre entraînement.

Il s'agit d'une question importante, parce que les coureurs avancés maintiennent souvent un volume d'entraînement très élevé durant presque toute l'année comme s'ils devaient courir de six ou sept marathons par année.

Le problème, c'est qu'ils ne laissent jamais à leur organisme le temps de récupérer suffisamment pour bénéficier pleinement de leur entraînement. L'entraînement d'un coureur de fond doit procéder par cycles. Ainsi, la période d'entraînement proprement dite pour un marathon est de 14 semaines, et non 28, ni 32, encore moins 50 ! Ce n'est pas en vous entraînant toute l'année pour le marathon à fort volume et à haute intensité que vous progresserez et atteindrez de meilleurs résultats. Au contraire.

Certains athlètes de haut niveau peuvent même se contenter d'un entraînement de 8 semaines pour un marathon. Une courte période suffit à ceux qui n'en sont plus à leurs premiers balbutiements ! Il en va de même pour vous, d'ailleurs !

Isabelle Ledroit a couru le marathon pour le Canada au Championnat du monde d'athlétisme en 2001 au terme d'un programme de… 6 semaines, et elle y a accompli un de ses meilleurs marathons à vie. Bien entendu, elle bénéficiait du soutien de toute une carrière derrière elle. Mais vous non plus n'en êtes pas à vos premières armes. Quand un athlète est bien entraîné, ses efforts sont beaucoup plus une question de finition qu'autre chose.

Isabelle savait depuis le mois de mai qu'elle allait participer au marathon au Championnat du monde. Elle s'était qualifiée au mois de mars de la même année avec un record personnel en 2 h 38 min. Elle s'est entraînée entre ces deux dates, bien entendu. Mais son entraînement lui permettait de récupérer pleinement après son premier marathon (celui de sa qualification) et de maintenir son niveau de forme. Elle a ensuite suivi un entraînement spécifique de 6 semaines pour son deuxième marathon.

Elle aurait pu courir le marathon d'Ottawa, au mois de mai, à mi-chemin entre les deux rendez-vous, mais nous avions pris plutôt la décision de tout mettre en œuvre pour lui permettre de récupérer le mieux possible.

La qualification au championnat mondial était une question de chronométrage. Nous avions donc choisi un marathon qui se déroulait sous un ciel clément, en Italie, pratiquement 5 mois avant la grande compétition. Ottawa présentait trop de risques de mauvaises conditions à quelques mois de la grande épreuve, et les possibilités de récupérer s'en trouvaient du même coup compromises.

Nous n'en sommes pas à vous recommander de courir des marathons après un programme improvisé de 6 ou 8 semaines. Nous vous suggérons seulement d'organiser votre entraînement par cycles ; celui que nous proposons pour le marathon est de 14 semaines. Il convient de gérer le volume de votre entraînement en tenant compte de vos besoins de récupération, que vous devez donc connaître. Souvent, cette simple adaptation permet à des athlètes avancés et expérimentés d'accomplir des progrès après une longue période de piétinement où leur progression avait atteint un plateau.

CHOISIR LES BONNES COMPÉTITIONS

Ce qui précède nous amène à l'autre problème de plusieurs coureurs avancés qui s'entraînent à longueur d'année pour des marathons à répétition. Or, notre expérience d'entraîneur nous porte à conclure qu'un athlète de haut niveau, devrait se limiter à deux marathons par année. En fait, nous croyons que l'idéal est de ne jamais faire plus de trois marathons à tous les deux ans.

Chaque année, on devrait réserver une période au travail de la vitesse sur de courtes distances. Plus largement, on observe chez plusieurs coureurs une tendance à toujours participer aux mêmes compétitions, par exemple le 21,1 km ou l'épreuve la plus longue inscrite au programme d'un événement. On ne les voit jamais sur 5 km et rarement sur 10 km.

Que les coureurs se sentent valorisés par les grandes distances dans les premières années, on peut le comprendre. Mais les coureurs avancés et expérimentés devraient échapper à cette habitude et varier leurs distances de course. À moins que votre objectif soit d'accomplir le plus grand nombre de marathons possible sans vous soucier de vos temps de course.

À toujours refaire les mêmes distances en compétition, le risque est grand de plafonner. C'est là une des raisons pour lesquelles nous suggérons précédemment de planifier la saison en déterminant un « grand chelem » de quatre compétitions sur différentes distances envisagées avec plus de sérieux dans l'année. Généralement, nous suggérons de participer à deux compétitions par haute saison.

En planifiant des entraînements différents et en participant à des compétitions sur des distances variées, les coureurs bénéficient d'un développement plus complet et plus équilibré. Un tel entraînement leur donne habituellement un nouvel élan, car il fait varier l'accent sur lequel porte l'entraînement. Ainsi, on développe tantôt sa vitesse et tantôt son endurance. On peut, par exemple, projeter d'améliorer sa performance au 5 km afin de pouvoir enregistrer plus tard dans l'année un meilleur chronométrage au 10 km et au 21,1 km.

N'oubliez pas que chaque fois que vous retranchez de 5 à 8 s au kilomètre en compétition sur 5 km, vous engrangez une minute de réduction de votre chronométrage au marathon ! Cette façon d'améliorer son temps est plus productive que la répétition continuelle du même entraînement et les compétitions sur une distance unique.

Comme nous l'avons expliqué, les coureurs avancés ont tout avantage à adopter un calendrier annuel d'entraînement en agençant les blocs de programme et en les adaptant à leur situation comme s'il s'agissait d'un casse-tête de 52 morceaux ! Des compétitions bien planifiées permettent à l'athlète d'atteindre son *peak* au moment opportun.

L'entraînement spécifique occupe toujours un bloc de 14 semaines dans un programme et les blocs de mise en forme, dont l'importance n'est pas moindre, servent de transition et de préparation. En les combinant, on est assuré d'obtenir un entraînement annuel par cycles. Et comme la participation à des compétitions sur toutes les distances est intégrée aux programmes d'entraînement, on évitera de commettre les deux erreurs déjà signalées : s'entraîner à haut volume toute l'année et toujours participer aux mêmes compétitions.

L'IMPORTANCE DU REPOS ANNUEL

Combien de coureurs avancés ne prennent presque jamais de repos annuel ? Combien se contentent d'un repos actif sur une courte période et toujours au lendemain d'un marathon ? Plusieurs. Négliger le repos annuel complet, s'entraîner à fort volume toute l'année et participer sans relâche à des compétitions sur les distances les plus longues, ce n'est pas une sinécure! Est-il étonnant de constater qu'il faut souvent que la machine craque pour qu'enfin ces coureurs s'arrêtent pour un repos forcé?

On doit planifier son repos annuel de la même manière qu'on planifie chaque année ses vacances. Si vous prenez congé de votre travail, vous devriez faire exactement la même chose en course à pied. Il ne faut pas attendre d'être fatigué pour se reposer. On doit incorporer le repos annuel dans son calendrier, ainsi que nous l'avons suggéré dans la deuxième partie du présent ouvrage.

Le surentraînement nuit à vos performances. Il vous donne l'illusion d'en faire beaucoup. Mais il constitue une des causes principales du plafonnement ou des plateaux qu'atteignent parfois les coureurs. En plus, il s'agit de l'une des causes – mais pas la seule - des blessures en course à pied.

Entendons-nous bien. Quand on court à ce niveau de compétition et qu'on pratique un entraînement aussi intensif en course à pied, il arrive qu'on se blesse. Cela fait presque partie du sport. Le simple fait que nos articulations supportent de 3 à 5 fois notre poids à chaque foulée représente un risque de blessures auquel bien peu échappent. Une des seules exceptions connues pour une athlète de haut niveau est Isabelle Ledroit, qui ne s'est jamais blessée au cours de ses sept premières années d'entraînement avec nous.

Je constate bon an mal an qu'à tout moment, environ 8 % des coureurs que nous entraînons soignent un malaise ou souffrent d'une blessure. La proportion est exactement la même que dans tous les autres sports.

Un entraînement bien dosé comportant des périodes suffisantes de récupération et de repos et effectué avec de bonnes chaussures contribue à réduire le risque de blessures. L'improvisation et le surentraînement, en revanche, augmentent considérablement ce risque.

LES RYTHMES D'ENTRAÎNEMENT

Nous avons préparé une grille des rythmes d'entraînement pour les coureurs du 10 km dont le chrono se situe entre 33 min 22 s et 38 min 20 s et pour les marathoniens dont le chrono se situe entre 2 h 38 et 2 h 59. Avec ces rythmes d'entraînement précis (R1, R2, R3 et R4), vous serez, vous aussi, en mesure d'adapter à votre situation particulière les programmes d'entraînement proposés dans ce livre.

RYTHMES D'ENTRAÎNEMENT SUGGÉRÉS AUX COUREURS AVANCÉS

SI VOUS AVEZ RÉUSSI RÉCEMMENT CE CHRONO OU QU'IL CORRESPOND RÉELLEMENT À VOTRE NIVEAU DE FORME ACTUEL	VOICI LES RYTHMES D'ENTRAÎNEMENT QUE VOUS DEVRIEZ ADOPTER			
	R1	R2	R3	R4
MARATHON : 2h38:15 **21,1 km : 1h14:52** **10 km : 33:22** **5 km : 16:05**	4:15/ km (14,1 km/h)	3:40/ km (16,0 km/h)	3:20/ km (18,0 km/h)	3:13/ km (18,7 km/h)
MARATHON : 2h45:15 **21,1 km : 1h18:15** **10 km : 35:00** **5 km : 16:55**	4:25/ km (13,5 km/h)	3:55/ km (15,3 km/h)	3:30/ km (17,1 km/h)	3:23/ km (17,7 km/h)
MARATHON : 2h52:16 **21,1 km : 1h21** **10 km : 36:40** **5 km : 17:45**	4:35/ km (13,1 km/h)	4:05/ km (14,6 km/h)	3:40/ km (16,3 km/h)	3:33/ km (16,9 km/h)
MARATHON : 2h59:19 **21,1 km : 1h24:30** **10 km : 38:20** **5 km : 18:35**	4:45/ km (12,6 km/h)	4:15/ km (14,1 km/h)	3:50/ km (15,6 km/h)	3:43/ km (16,2 km/h)

Un programme pour les coureurs avancés devrait comprendre des indications pour un cinquième rythme d'entraînement que nous n'avons pas exposé ni appliqué dans le cadre du présent ouvrage. Le R5, comme on pourrait le nommer, serait attribué à tous ces coureurs à partir des mêmes valeurs de référence que pour les quatre autres rythmes d'entraînement : R1, R2, R3 et R4. Cependant, son rythme serait plus rapide, ce qui le rapprocherait davantage de la vitesse atteinte dans une épreuve de 2 km. On pourrait donc programmer des entraînements à cette vitesse avec des répétitions de courtes durées.

L'une des préoccupations premières des coureurs avancés consiste à s'entraîner dans le but de gagner de la vitesse. Il s'agit cependant du travail le plus intense et le plus délicat qui soit. On pourrait penser à deux approches : celle des intervalles sur la piste ou celle des répétitions sur la route. Tous les coureurs devraient faire de la piste, et surtout les coureurs avancés ! Le travail sur la piste comporte plusieurs avantages. Bien que la plus grande prudence y soit de mise, il n'y a pas de meilleur moyen pour gagner de la vitesse.

Cependant, si vous avez bien lu tout ce qui précède, vous avez pu remarquer à quel point nous insistons sur la prudence. Le travail en intensité, à ces niveaux de performance, peut se révéler être une arme à double tranchants. Il convient donc de la manipuler avec soin. C'est pourquoi nous vous suggérons encore de consulter un entraîneur qualifié avant de vous lancer dans un programme en intensité.

3:00,00

UNE BOÎTE À OUTILS

COURIR SELON LES SAISONS

Mon pays, ce n'est pas un pays... c'est l'hiver ; mais c'est aussi la canicule, les vents et la pluie d'automne et du printemps, la glace, la boue et tout le reste. Courir au Québec, c'est jouer dehors, beau temps mauvais temps, par grande chaleur ou froid à tout casser. Comment faire pour que ce soit agréable et sécuritaire de courir toute l'année, au Québec ?

DES PELURES

Le premier principe à observer pour aller courir dehors en hiver, c'est celui de porter plusieurs couches de vêtements. On a fait du chemin dans la conception et la fabrication de vêtements efficaces contre les intempéries, la chaleur et l'hiver depuis le temps de nos premières armes, où le coton molletonné était l'étoffe de toutes les saisons. Le principe de porter plusieurs couches de vêtements reste le même, mais le nombre et l'épaisseur de ces couches ont diminué pour notre plus grand confort.

Aujourd'hui, il existe des étoffes de haute technologie. Chaque année, les fabricants en commercialisent de nouvelles qui rivalisent de qualités... et de prix. Quoi qu'il en soit, les bénéfices de ces vêtements ne sont plus à prouver. Ils permettent de bien se vêtir plutôt que trop. La première couche doit vous garder au sec. Elle a pour fonction d'éloigner votre sudation vers les autres couches. En vous gardant au sec (ou presque), cette couche vous aide à mieux résister au froid. Il fut un temps où les sous-vêtements de polypropylène étaient le nec plus ultra. Ils demeurent une partie fondamentale de votre arsenal contre l'hiver. Est-il vraiment nécessaire de disposer de plusieurs modèles pour affronter les différentes températures ambiantes ? C'est à vous de juger.

La deuxième couche travaille des deux côtés du tissu. À l'intérieur, elle sert de sas – de couche de protection qui, tout en respirant, maintient la température du corps. De ce point de vue, elle collabore avec la première couche à maintenir la température du corps au bon degré au moyen d'un coussin d'air chaud enveloppant l'épiderme. Parfois, le froid est tel qu'une des couches doit être entièrement réservée à cette fonction et qu'on doit même doubler le coussin d'air chaud autour du corps et sous la couche extérieure.

La couche extérieure de vos vêtements sert de barrière contre les éléments : le froid, le vent, la pluie et la neige. Ce qu'il faut se rappeler c'est que depuis des lunes, les coureurs affrontent l'hiver en courant bardés de couches, qu'elles soient de laine, de coton, de molleton tout autant que de tissus de haute technologie.

LES EXTRÉMITÉS

Le second secret, vous vous en doutiez, c'est de préserver ses extrémités. Les doigts et la tête en particulier.

Une très grande proportion de la chaleur que votre corps produit en courant s'évapore par la tête. Ne pas la couvrir quand il fait -10°c n'est vraiment pas recommandé. À ce propos, vous découvrirez sur le marché des tuques *high-tech* qui recouvrent les oreilles et évacuent l'excédent de chaleur tout en vous gardant au chaud. Ne lésinez pas là-dessus. Pour la plupart, un cache-cou, une écharpe ou un col roulé est un accessoire complémentaire indispensable.

Même chose pour les gants ! Généralement, les mitaines font un meilleur travail parce que l'air chaud s'y accumule rapidement après le début de vos activités et que les doigts restent libres d'y bouger. La combinaison gants et mitaine par temps plus froid fait des merveilles. Vous verrez aussi qu'il arrive souvent, après un certain temps, qu'il fasse assez chaud pour en retirer une couche.

Certaines personnes ont froid aux pieds lorsqu'elles courent. C'est plutôt rare, étant donné l'intense activité à laquelle se livrent les pieds quand on court ! Évidemment, il ne faut donc pas négliger la qualité des bas qui accompagnent les chaussures d'entraînement. À ce propos, les semelles dotées de petits crampons procurent une meilleure adhérence l'hiver que les semelles lisses. Étant donné que vos chaussures vont forcément devenir humides, il est bien pratique d'en avoir deux paires et de les porter en alternance en laissant sécher chaque paire avant de la remettre.

LA RÈGLE DES DIX DEGRÉS

Il est normal de sentir le froid au cours des premières minutes de la séance. On sait qu'on est bien habillé lorsqu'on ne ressent plus ce froid après 5 à 10 min de course. Ces dix premières minutes de course seront toujours les plus difficiles en hiver. Il faut que la température du corps s'élève, et ce n'est pas toujours un moment agréable. Vous devez penser qu'une fois lancé, votre corps étant échauffé, vous aurez la sensation qu'il fait au moins 10°c de plus que la température annoncée. Habillez-vous en conséquence, sinon vous aurez très chaud, même en hiver !

Toutefois, de grâce, ne faites pas comme certains « Rambo » des années 1970 et 1980 qui allaient à l'extrême en dénudant des parties de leur corps, en plein hiver, sous prétexte que leur température allait s'élever au point de pouvoir résister à n'importe quel froid. Un peu de bon sens et tout se passera bien. Le froid sur la peau, ce n'est pas bon pour personne, coureur ou non !

LE VENT

Ah ! le fameux facteur éolien ! On sait combien les commentateurs de la météo sont friands du facteur éolien. On dirait même qu'ils en font une petite compétition, comme pour nous faire bien comprendre qu'il ne fait pas seulement froid mais *frette*. Les gens ont d'ailleurs commencé à créer des expressions dans la foulée (par exemple : *Il fait moins mille !*). Que devraient en faire les coureurs ? À quelle température, réelle ou ressentie devrait-on s'abstenir de courir ? Est-il vrai que l'air glacé de l'hiver peut endommager les poumons ?

Les avis sont partagés, bien des légendes urbaines circulent à ce sujet. Plusieurs courent régulièrement à l'extérieur jusqu'à ce que le mercure descende sous les -20°c sans pour autant attraper une pneumonie ni aucune autre affection. L'effet de l'air glacé sur les poumons n'est donc pas « automatique ».

La plupart portent une écharpe ou un plastron (col roulé) pour se cacher la bouche et le nez, non pas tant pour protéger leurs poumons que leur visage. La plupart du temps, ils ne ressentent plus le besoin de se protéger le visage une fois que leur corps est échauffé.

On recommande habituellement de choisir un parcours qui vous met face au vent au début de votre course, pour être dos au vent au retour. Certes, la première partie de l'entraînement s'en trouve plus laborieuse. Mais cela vaut mieux. Nous ne vous apprendrons rien en vous disant qu'on ressent beaucoup moins le facteur de refroidissement éolien quand on a le vent dans le dos. Revenir avec le vent dans le dos est plus « facile ». Mais revenir avec le vent de face, alors que l'on est déjà détrempé et fatigué, amoindrit notre résistance au froid. On s'efforce alors de remédier aux désagréments qui en résultent tout en accomplissant l'effort de lutter contre le vent, alors qu'on se trouve en deuxième moitié d'entraînement et que l'on est plus fatigué.

Une autre solution consiste à courir sur une boucle de 2 à 8 km, selon votre niveau. On en arrive vite, ainsi, à mieux connaître son environnement, à reconnaître d'une boucle à l'autre les obstacles et l'état du parcours (plaques de glace, vent, etc.) et à mieux s'ajuster à la situation.

Profiter du découpage de la ville en pâtés de maisons offre aussi l'occasion de varier l'exposition au vent, comme si l'on courait dans un labyrinthe en recevant le vent tour à tour de face, de côté et de dos.

« M'AS-TU VU COURIR DANS TA RUE ? ... »

L'hiver, il fait noir de bonne heure. Il importe donc d'être facilement repérable. N'hésitez pas, comme on voit de plus en plus de coureurs le faire, à porter des bandes réfléchissantes au-dessus de vos vêtements de course, à la manière des travailleurs de la construction. C'est plus sûr.

Les automobilistes sont plus sensibilisés à la présence des travailleurs de la construction qu'à celle des coureurs ! Sérieusement, les fabricants de vêtements ont beau ajouter des bandes réfléchissantes aux chaussures et aux vêtements, leur souci de l'esthétique et de la mode est plus fort que celui de vous rendre visible dans l'obscurité de nos hivers. Si vous devez partager la chaussée avec les voitures, courez toujours face aux automobilistes.

ATTENTION OÙ VOUS METTEZ LE PIED !

Le plus grand danger pour les coureurs reste celui du « footing » – de la qualité de la surface de course. Les plaques de glace, souvent recouvertes d'une mince couche de neige, les trous dissimulés sous la neige, les amoncellements de neige au coin des rues ou encore les grandes flaques d'eau… voilà autant d'inconvénients qui menacent l'équilibre du coureur. Or courir, c'est rester en équilibre entre les foulées ! Réduisez donc la longueur de votre foulée et le rythme de votre entraînement quand la surface ne se prête pas à un entraînement normal et sécuritaire.

EN CAS DE PÉPIN

Prévoyez toujours le pire : ayez sur vous un peu d'argent, une pièce d'identité et un titre de transport en commun. N'oubliez pas qu'un petit bobo ou un problème technique peut vous forcer à vous arrêter et à marcher tout détrempé pendant une vingtaine de minutes, ce que vous n'apprécierez guère en plein hiver.

COURIR À L'INTÉRIEUR

Plusieurs profitent des installations intérieures de certains centres sportifs pour courir sur des pistes d'athlétisme ou des corridors aménagés. C'est une bonne chose de le faire, car c'est bon pour le moral de courir en tenue d'été en plein hiver ! Au club les Vainqueurs, par exemple, nous utilisons les corridors du stade olympique depuis plus de 25 ans pour nos entraînements hebdomadaires du mardi, et ce avec beaucoup de succès.

Plusieurs mordus de course à pied s'entraîneront sur le tapis roulant à la maison ou au gymnase ; c'est une solution de rechange des plus souriantes pour les jours de verglas !

On constate que plusieurs nouveaux coureurs sont réticents à courir à l'extérieur en hiver. Pourtant, il suffirait qu'ils prennent le temps de s'adapter à notre climat et de profiter des belles journées. Courir par un bel après-midi d'hiver, lorsqu'il ne vente pas et qu'il fait soleil, à -5° ou -10°c, peut conduire à de fort agréables balades.

N'attendez pas toujours les conditions climatiques idéales pour vous entraîner à l'extérieur, car l'hiver risque d'être long !

COURIR SUR UN TAPIS ROULANT

Le tapis roulant offre plusieurs avantages. Sa surface est la meilleure pour absorber les chocs ! En outre, elle est plane et ne recèle aucune mauvaise surprise, contrairement aux parcours extérieurs en hiver. Plusieurs adorent agrémenter leurs entraînements de la musique de leur baladeur. (Bien sûr, certains font de même à l'extérieur, mais c'est plutôt déconseillé.)

Certes, le tapis roulant présente aussi des inconvénients. À l'achat, un tapis performant peut s'avérer très coûteux. La course peut devenir ennuyante à la longue, comparée à la course à l'extérieur. À vitesse équivalente, l'effet d'entraînement diffère quelque peu de celui que procure la course à l'extérieur.

Afin de compenser le manque de résistance de l'air ou du vent, on suggère de donner au tapis une inclinaison de 1 % ; cet ajustement rapproche les effets de l'entraînement sur le tapis de ceux de l'entraînement à l'extérieur. Selon René Duval, kinésiologue au Centre Acti-Santé de l'Hôpital Notre-Dame, il ne faut cependant pas ajuster cette inclinaison à plus de 3 % si l'on veut ménager ses tendons d'Achille !

Il recommande aussi de vérifier la disponibilité des pièces de rechange et la qualité du service après-vente, car se retrouver avec un tapis brisé sans possibilité de remplacer les pièces défectueuses n'intéresse personne.

Si les tapis roulants motorisés silencieux sont généralement le gage d'une construction de qualité, René Duval déconseille l'achat des tapis pliables. Il recommande cependant d'entretenir régulièrement la courroie du tapis en appliquant de la cire.

Enfin, comme il ne faut pas abuser des bonnes choses, il conseille aux coureurs de faire au moins une séance d'entraînement hebdomadaire, loin du tapis. L'emplacement de l'appareil aurait aussi son importance. Dans les gymnases, on le place souvent devant une fenêtre ou l'écran d'un téléviseur, ou encore devant un grand miroir pour fournir à l'utilisateur la possibilité d'observer sa technique de course.

Bref, il existe sur le marché une multitude d'appareils. Si vous avez l'intention d'en acheter un, il est recommandé de vous renseigner auprès de tous les coureurs utilisateurs que vous connaissez, ainsi qu'auprès de spécialistes. Le meilleur conseil reste encore d'essayer pendant environ 20 min le tapis que l'on projette d'acheter, afin de se prémunir contre les mauvaises surprises.

COURIR À LA CHALEUR

La règle des 10°c ne s'applique pas qu'en hiver. Imaginez ce qui se produit lorsqu'on annonce 30°c et qu'on remplace l'effet du facteur éolien par celui de l'humidex ! La température ressentie avoisine alors les 40°c !

En fait, certains coureurs ont beaucoup plus de facilité à s'entraîner en hiver qu'en été ! Il semble en effet qu'ils s'acclimatent plus facilement à des températures froides qu'à des températures chaudes. C'est un problème pour ceux qui s'entraînent tout l'hiver pour courir un marathon ou un demi-marathon à la chaleur du mois de mai, ou qui se préparent pour le marathon de Boston du mois d'avril. On s'est entraîné tout l'hiver au froid pour arriver au jour de la compétition dans les grandes chaleurs. Le choc est alors difficile à encaisser.

Ce qui régularise notre thermostat, c'est la sudation. Pas toujours drôle quand on se retrouve en groupe, mais c'est bel et bien le cas. Donc, la sudation, c'est notre protection contre une flambée de la température interne !

Contrairement à ce que bien des préjugés veulent faire croire, il vaut mieux rester couvert en été, même quand il fait chaud, que de courir torse nu. Encore une fois, la technologie vient à notre rescousse avec des tissus légers qui, d'une part, font écran aux rayons du soleil et, d'autre part, favorisent activement l'évaporation de la sueur.

Ces dernières années, on a beaucoup insisté sur les dangers de l'exposition de la peau au soleil, en raison des effets cancérigènes des rayons UV. Sans vouloir jouer les sceptiques, les négationnistes et les insouciants, il vaut peut-être encore mieux penser que les hommes s'exposent au soleil depuis des milliers d'années et que le soleil… c'est la vie – pas la mort ! Qu'on fait probablement mieux de courir un peu à l'extérieur (sans nécessairement le faire à midi à 40°c) que de rester « à l'abri du soleil » bien calé dans son fauteuil, à l'air climatisé.

Ceci dit, encore une fois, un peu de bon sens ne fera pas de mal. Oui, recourir aux crèmes ou aux lotions contre le soleil, mais aussi choisir des heures où l'intensité est moindre, comme tôt le matin ou la fin de l'après-midi. Sans oublier d'adapter son programme aux conditions et à son rythme de vie.

Les commerces regorgent aujourd'hui de produits conçus spécialement pour les sportifs, qu'on dit efficaces même pour les activités physiques intenses, comme la course.

Pour ceux qui visent la performance, voici un conseil que certains mettent en pratique et qui porte ses fruits, semble-t-il. Avant une compétition importante, entraînez-vous le plus possible à courir dans des conditions climatiques similaires à celles qui auront vraisemblablement cours le jour J. Ainsi, au printemps, lorsque la température monte enfin et que le soleil reparaît, il faut éviter d'enlever des pelures trop rapidement. Restez au chaud un peu plus longtemps et, environ 3 semaines avant une compétition, habillez-vous délibérément de manière à être incommodé par la chaleur. On dit qu'il faut entre 10 jours et 3 semaines pour s'acclimater à courir à la chaleur.

Vaut-il mieux courir avec une casquette ? Durant la première vague, tous les coureurs de fond et les marcheurs portaient l'étrange casquette des cyclistes, en tissu et en filet, avec une toute petite visière molle... Ce n'est pas pour rien qu'on nous comparait à des fous en pyjamas ! Remarquez comment les modes évoluent. À la fin des années 1970 et durant les années 1980, la mode est passée aux casquettes de peintre, faites de toile légère, avec une visière plus rigide et plus grande ; certains la mouillaient pour garder la tête froide.

Il faut se rappeler qu'une casquette, si elle protège de l'action directe des rayons du soleil sur la tête – ce qui est une bonne chose –, forme aussi un espace clos qui emprisonne plus ou moins la chaleur que le corps cherche à évacuer par la tête, (voir, *Courir selon les saisons* p.128). Il faut donc bien choisir le modèle et jauger la situation. Pour plusieurs, il vaut mieux se dispenser de casquette. Pour d'autres, et certaines casquettes sont très bien conçues à cet égard, la course serait impossible l'été sans cette protection. La calvitie y est évidemment pour quelque chose !

On doit mettre en garde les coureurs contre les irritations de la peau dues au frottement des tissus sur les parties les plus sensibles de l'épiderme, et que souvent la sueur accentue. Combien de coureurs ont terminé des entraînements ou des compétitions avec les mamelons en sang ? Combien de coureurs se sont échauffés l'intérieur des cuisses, certains jusqu'au sang aussi ? Il existe encore un bon vieux remède à ces problèmes, peu élégant, certes, mais efficace ! C'est la bonne vieille gelée de pétrole, la vaseline, appliquée avant la course aux endroits qui risquent de brûler, surtout à la suite d'efforts prolongés. Il existe évidemment en pharmacie d'autres crèmes antifrottements qui feront l'affaire des plus exigeants.

TROUVER CHAUSSURE À SON PIED

En 1975, nous commandions nos chaussures de course par la poste aux États-Unis en joignant à notre commande un échantillon de la semelle intérieure de nos chaussures usées.

De nos jours, acheter une paire de chaussures de course n'est pas une sinécure. S'il n'y avait auparavant que deux ou trois modèles proposés par quelques fabricants, on a désormais le choix entre des dizaines de modèles proposés par une dizaine de compagnies, et c'est sans compter les contrefaçons...

D'autre part, la technologie a tellement progressé qu'on peut aujourd'hui produire des chaussures capables de corriger les effets négatifs de votre foulée, de votre style en course. On vous offrira notamment des chaussures qui amenuisent les effets de la pronation et de la supination des pieds[1].

On vous parlera aussi des nombreuses percées technologiques et d'une quantité innombrable de matériaux exotiques utilisés pour perfectionner la composition des couches et sous-couches du soulier. Si l'on veut réellement réduire le tout à ses grandes lignes, retenons que la tradition veut qu'on classe les chaussures en fonction des propriétés particulières que leur confère leur construction : le soutien ou et l'absorption. Bien entendu, dans notre monde technologique, aussitôt que quelque chose semble clair et net, une meute de spécialistes du marketing finit toujours par essayer de vous compliquer la vie en vous proposant des chaussures hybrides et en vous jurant leurs grands dieux qu'elles conviendront aussi bien que les autres à vous procurer toute l'absorption et le soutien dont vous avez besoin.

Bref, on n'est pas sorti de l'auberge !

Or, tout le monde en conviendra, les chaussures sont pour ainsi dire le seul équipement dont on a besoin pour courir. En tout cas, elles assurent une bonne partie de vos succès, de votre sécurité et de la longévité de votre pratique. Il ne faut donc pas lésiner là-dessus. Certes, les chaussures sont chères. D'ailleurs, plusieurs se demandent encore pourquoi elles demeurent de 15 à 20 % plus chères au Canada qu'aux États-Unis alors que le dollar canadien vaut autant que le dollar américain... Mais çà, c'est une autre histoire !

En dernière analyse, le premier critère à respecter, c'est de se sentir

1 Mouvement par lequel le pied tourne, selon son axe longitudinal, vers l'extérieur ou l'intérieur du corps.

à l'aise dans ses chaussures. Ce n'est pas très glamour, nous le savons. Mais il importe de ne pas se fier au prix demandé. À la marque non plus. Pas même au vendeur qui vous propose un modèle. Essayez-en plusieurs. Réessayez-les avant de faire votre choix. Et si le vendeur soupire, laissez-le faire ou allez en faire soupirer un autre, dans une autre boutique.

C'est vrai qu'il faut un certain temps pour qu'un soulier vous aille réellement comme un gant. À une échelle bien moins importante, il se passe avec les chaussures le même phénomène qu'avec les patins. Elles se moulent rapidement à vos pieds et à votre foulée. Ce n'est toutefois pas un argument pour acheter un modèle qui ne vous va pas bien sous prétexte qu'il ira mieux plus tard.

Habituellement, on choisit une pointure un peu plus grande que celle des chaussures de ville. En effet, si vous choisissez des chaussures trop ajustées, les risques seront élevés de perdre des ongles d'orteils ou de les noircir de façon permanente. (Remarquez que le phénomène se produit de toute manière chez certains individus et qu'il faut donc, pour cette raison, attacher une certaine importance à l'entretien des ongles d'orteils.) En revanche, si vous choisissez des chaussures trop grandes, vos pied glisseront à l'intérieur au fil des kilomètres et se couvriront d'une culture d'ampoules fort désobligeantes !

Où acheter vos chaussures ? Dans les boutiques spécialisées, serait-on tenté de dire. En fait, c'est ce que nous vous recommandons, par principe. Cherchez à nouer une relation avec un conseiller et de lui être fidèle si vous avez une bonne expérience avec lui et qu'il vous a bien servi.

Lorsque vous magasinez pour trouver une nouvelle paire de chaussures, apportez les vieilles avec vous. Un professionnel en boutique sera très intéressé par ce que vos chaussures pourront révéler et il pourra vous expliquer ses recommandations en fonction de l'usure de votre vieille paire. Ne soyez pas mal à l'aise de décrire votre situation au vendeur le plus précisément possible, ainsi que le programme que vous suivez et vos petits bobos.

Ne tolérez jamais que le conseiller se prenne pour une vedette qui vous regarde de haut, qui critique à qui mieux mieux les clubs, les entraîneurs ou les organisateurs d'événements, les boutiques concurrentes ou, pire encore, qui a un sourire en coin par rapport à votre physique ou votre peu de pratique ou de connaissances. Fuyez ! N'importe quel coureur ou marcheur qui entre dans une boutique spécialisée devrait être traité avec respect et professionnalisme.

Et quand, finalement, vous trouverez chaussure à votre pied, n'hésitez pas, achetez sans tarder une deuxième paire de la même marque et du même modèle. La commercialisation étant ce qu'elle est, les fabricants de chaussures retirent ou ajoutent des modèles en fonction de leurs ventes. Si votre soulier n'est pas parmi les meilleurs vendeurs, il ne sera plus en vente lorsque viendra le temps de le remplacer.

Une bonne paire de chaussures de course a une vie utile d'approximativement 800 km. Il faut encore une fois en prendre et en laisser et considérer votre situation avec réalisme. Quand on n'a plus la taille (et le poids) de ses 35 ans, on exige un peu plus des chaussures sur le plan de l'absorption et du maintien ! Il peut donc arriver dès les 600 ou 700 km parcourus, que l'on doive amorcer le cycle de leur remplacement.

La première étape consiste à « casser » les chaussures neuves (sinon, c'est elles qui vous casseront les pieds) ! En d'autres termes, il s'agit de faire l'essentiel de ses entraînements dans ses vieilles chaussures et d'étrenner les nouvelles sur de courtes distances (et habituellement dans les meilleures conditions : pas sous la pluie ou la neige, mais à l'intérieur, au sec). Puis progressivement on remplace les veilles chaussures par les nouvelles.

Jusqu'à récemment, il n'y avait pas d'odomètres sur les chaussures. Il fallait donc tenir un journal de bord pour mesurer leur usure. Cependant, les chaussures à puce sont désormais en circulation ! Pour les autres qui n'en ont pas, il faut encore garder le carnet de bord pour mesurer la longévité de vos souliers. (Voir *Tenir un carnet d'entraînement*, p. 144)

Quoi qu'il en soit, c'est le confort qui est l'indice déterminant, plutôt que les bilans chiffrés. Vient en effet un temps où de petits bobos apparaissent sans que l'on puisse réellement les imputer au surentraînement ou à la fatigue (Voir *Trois points à surveiller en tout temps*. p. 59). Ces petits bobos ont ceci de particulier qu'ils apparaissent de plus en plus régulièrement en cours d'entraînement. Les coureurs d'expérience savent que les petits bobos disparaîtront dès qu'ils changeront de chaussures.

Il existe aussi des chaussures de course spécialisées. Les coureurs avancés ou passionnés de performance pourraient se pencher sur les possibilités de rechange proposées. L'équipement qui offre probablement le plus d'intérêt pour les coureurs de tous les jours est la chaussure de compétition pour la course sur route. Il s'agit d'un modèle plus léger que la chaussure d'entraînement. Bien entendu, tous les fabricants vous diront que vous n'y perdrez pratiquement rien au change sur le plan de l'absorption et du maintien. Mais restez prudents ! Si vous achetez des chaussures de compétition, ne les portez pas toujours à l'entraînement !

SOUPLESSE ET MUSCULATION

Le débat dure depuis les débuts du sport. S'étirer fait-il plus de bien que de mal ? Certains coureurs ne s'étirent jamais ; certains vont même jusqu'à remettre en question les étirements en disant : « A-t-on jamais vu un cheval s'étirer ? » Bon, il y a des cas extrêmes dans tout ! Toutefois, on s'entend généralement sur le fait que... nous ne sommes pas des chevaux (!) et que les étirements peuvent contribuer au succès et à la santé du coureur.

L'autre débat concerne la musculation et il est aussi vieux que le premier. Les coureurs à pied ne sont pas faits du même moule que les sprinters. Et nombreux sont ceux qui omettent les exercices de musculation de peur de ressembler à Monsieur Muscle.

MUSCLES OPPOSÉS

Les merveilles de notre physiologie n'ont pas fini de nous étonner. Nos muscles travaillent en paires opposées. Lorsqu'un muscle se contracte, son opposé s'allonge en contrepartie. Ainsi, on peut faire un mouvement et son contraire : plier le bras, étendre le bras, biceps, triceps...

Que faire lorsqu'on pratique un sport qui demande des contractions à répétition des mêmes muscles, et cela pendant des heures ? Les muscles ainsi sollicités par l'exercice se développent davantage que leurs opposés. Surtout si ces muscles sont les plus massifs du corps humain, comme les quadriceps. La réponse est double dans ce cas : faire à la fois des exercices de musculation pour garder l'équilibre entre les muscles opposés, et des étirements des quadriceps pour faciliter leur élongation normale à la suite des contractions auxquelles on les a soumis.

Plus les années s'accumulent, plus il faut y penser. Avec l'âge, pour plusieurs vétérans, ces exercices d'étirement assurent des lendemains et des surlendemains qui chantent... ou qui courent !

LA CEINTURE ABDOMINALE

Les muscles abdominaux jouent un grand rôle dans la posture et le maintien. Inutile de faire un dessin pour le comprendre. On concevra aisément que, durant la course, la force des abdominaux – des muscles de la ceinture, disait-on dans le temps, facilite le déplacement et la foulée.

Quoi qu'il en soit de votre souci d'esthétisme, il est fortement recommandé de faire des exercices abdominaux à la fin de vos entraînements. Les fameux redressements couchés ou assis contribuent, lentement mais sûrement, à accroître les bénéfices de l'entraînement en course à pied et facilitent en outre la progression du coureur.

COURIR DROIT ET DÉTENDU

On ne cherche plus, comme auparavant, à modifier la foulée et la biomécanique individuelle du coureur pour les conformer au modèle de la foulée idéale. Il est prouvé que l'entreprise s'avère improductive dans la majorité des cas. Il est peut-être possible de réapprendre son swing au golf, même quand on s'appelle Tiger Woods, mais il n'en va pas de même lorsque l'on souhaite changer la biomécanique de sa foulée. Non seulement est-il improductif de le faire, mais ce changement peut également être désagréable, si ce n'est carrément dangereux. Comme nous le disions plus haut, à chacun son style!

Heureusement, on peut néanmoins améliorer son efficacité grâce à quelques pratiques simples. On recommande généralement d'adopter une posture détendue, d'éviter de crisper les mains, les bras, les épaules et les muscles du visage (pour ne parler que de ceux-là). Souvent, les coureurs partent détendus, mais au fil de l'entraînement, ils se contractent peu à peu et perdent ainsi leur précieuse énergie.

DE LA PRUDENCE TOUT DE MÊME

Il faut user de prudence dans les étirements et les exercices de musculation. Oui, ici aussi, la modération a bien meilleur goût. Nous avons déjà rendu visite à un excellent coureur, converti aux vertus de la musculation abdominale, à l'hôpital parce qu'il avait contracté une hernie discale à cause de sa passion, aussi effrénée que soudaine, pour les redressements assis! L'important, c'est de ne jamais se lancer dans des étirements ou de la musculation à froid. Si vous deviez ne retenir qu'une seule chose en cette matière, c'est bien celle-là.

Un muscle qui n'est pas échauffé répond moins bien à la sollicitation (que ce soit pour la contraction ou l'étirement). Or, comme on l'a vu, quand on étire un muscle, on en contracte un autre. Allez-y donc progressivement. N'étirez que des muscles échauffés.

Le danger ne vient pas des exercices d'étirement, mais de la manière de les faire. On dirait qu'en cette matière aussi, plusieurs coureurs sont persuadés qu'ils n'en font pas assez. Ne cherchez pas à imiter les plus souples, respectez votre morphologie, nous n'avons pas tous la souplesse de certains adeptes du yoga. S'il y a un domaine où la fameuse maxime « *No pain no gain* » des Américains ne s'applique pas, c'est ici.

Dès le moment où se fait sentir la tension de l'étirement, maintenez la pose et n'allez pas plus loin. Détendez-vous.

Ce qui va immanquablement se produire, c'est que vous sentirez se résorber un peu la contraction du muscle, et vous serez alors à même d'étirer encore très légèrement. Mais arrêtez-vous à la moindre douleur et ne donnez pas de coups. Restez en place, immobile, détendu pendant 20 secondes.

Souvenez-vous que la plupart des conseillers suggèrent de faire une deuxième série d'exercices après les premiers. Soit on répète le même exercice sur l'autre jambe, par exemple, pour revenir ensuite faire un autre tour, soit on effectue un exercice d'étirement sur chaque jambe, après quoi on procède à l'étirement du muscle opposé sur chaque jambe, pour reprendre ensuite tout le processus. Que l'on suive une séquence ou une autre, on constate toujours qu'au deuxième essai, on est en mesure d'aller plus loin même en observant exactement les mêmes règles.

Internet regorge de suggestions et d'illustrations à propos des exercices de souplesse et de musculation les plus populaires et les plus importants pour les coureurs. N'hésitez pas à vous informer davantage si le sujet vous intéresse.

ALIMENTATION ET HYDRATATION

Il n'y a que deux types de coureurs, explique avec humour notre bon ami français Yves Seigneuric : « il y a ceux qui courent pour maigrir et ceux qui courent pour manger ! » Comme nous le disions dans l'introduction, la question de l'alimentation est dans l'air du temps, tout autant que celle de l'exercice physique, de la bonne santé et... de la course à pied !

Les ressources pullulent sur tout ce que vous avez toujours voulu savoir au sujet de l'alimentation du coureur, mais que vous n'avez jamais encore osé demander. Le problème, comme chacun s'en doute, c'est que toutes les théories, tous les régimes, toutes les thèses s'entrechoquent, se contredisent et que, pour plusieurs, il en résulte plus de confusion que de lumière !

Nous ne sommes évidemment plus à l'époque où, inspirés de nos héros du samedi soir, nous savions qu'il fallait manger un bon steak épais et saignant avant une compétition pour être au meilleur de notre forme. À l'autre extrémité, nous avons parlé des féroces prescriptions du régime spaghettis, qui ont aussi fait leur temps. Entre les deux, on a eu droit à toutes les modes, à tous les produits miracles, à toutes les recettes et à toutes les potions magiques.

UNE QUESTION DE BON SENS

L'alimentation est une question de bons sens et d'équilibre. Si chaque coureur ne faisait qu'appliquer ce qu'il sait déjà au sujet de l'alimentation, il ne s'en porterait que mieux. Car la clé, en cette matière, c'est justement que chacun doit y aller selon sa morphologie, ses habitudes et son style de vie. Il n'y a pas de recette miracle ni de régime unique.

Faut-il modifier certaines de nos habitudes alimentaires ? Probablement. Mais allons-y avec modération, sans sacrifier le plaisir de manger. C'est la modération qui a meilleur goût, pas la privation. Si les régimes ont mauvaise presse, c'est parce que leurs adeptes chambardent tout par excès d'ambition. Ils en récoltent le fruit à court terme, mais la suite, vous la connaissez...

Réduire un peu les portions, équilibrer les repas, manger trois repas par jour, combiner tous les groupes alimentaires, réduire la consommation d'aliments gras et l'ingestion de calories vides, voilà autant de mesures qui font des miracles avec un entraînement bien dosé.

Suivez des recettes qui donnent des résultats... Adoptez ce que vous avez expérimenté et qui vous convient. On parlait beaucoup de recettes dans le passé et tout le monde croyait détenir *la* recette miracle... Aujourd'hui, on en parle moins. Toutes les théories se contredisent et font l'objet d'une contestation. À vous de juger ce qui vous convient et ce qui vous est bénéfique. Le Web et les librairies regorgent d'ouvrages de référence pour ceux qui veulent approfondir leurs connaissances en la matière.

CE N'EST PAS DURANT LA COURSE QUE CELA SE PASSE !

Il existe des gadgets électroniques qui mesurent votre dépense calorique durant l'entraînement. Mais si vous vous en remettez entièrement aux chiffres affichés, vous risquez de vous mettre à pleurer tant ils vous paraîtront modestes... On dit par exemple qu'une personne de 60 kg courant à 8 km/h pendant une heure brûle 590 calories. On dit aussi qu'un Big Mac représente une ingestion de 576 calories, presqu'autant !

Ce qu'il faut retenir, c'est que la pratique régulière de la course à pied active le métabolisme. On pourrait comparer ce phénomène à ce qui se produit quand on incorpore des répétitions à son entraînement. Il se passe de bonnes choses pendant que l'on court à des rythmes rapides, mais il s'en produit également après les moments de course rapide et après l'entraînement.

De la même manière, la dépense de calories ne s'arrête pas avec la fin de l'exercice. La différence la plus manifeste entre les personnes sédentaires et les coureurs réside dans l'activité du métabolisme entre les entraînements. Le corps des coureurs devient plus efficace à brûler les gras, à consommer des calories et à traiter la nourriture.

Dans ses livres de la série *Fit or Fat*, Covert Bailey avait formulé une théorie. Selon lui, chaque fois qu'on pratique pendant plus de 12 min un exercice en équilibre aérobie comme la course à pied, qui sollicite les plus gros muscles du corps, on déclenche l'activité du métabolisme et on favorise l'élimination des graisses. Il recommandait plaisamment que tout le monde s'entraîne trois ou quatre fois par jour à coups de 12 min !

De cette façon, l'équation qui consiste à réduire son apport calorique par la nourriture et à augmenter sa dépense énergétique par la course est secondée par l'activation du métabolisme et elle produit des résultats à coup sûr. Courir, ce n'est pas entrer chez les moines. C'est, au contraire, passer progressivement du camp de ceux qui courent pour maigrir à celui de ceux qui courent pour manger !

L'HYDRATATION

Les coureurs de la première vague ont bien compris la nécessité de se réhydrater. Au moins durant les compétitions. Car nous en connaissons des dizaines qui ne boivent pas durant les entraînements, ou si peu, mais qui ne manquent jamais un poste d'eau durant les compétitions ! Personne n'a encore compris pourquoi l'hydratation leur semble si importante durant les compétitions mais négligeables durant les entraînements...

Il est vrai que ce n'est pas toujours commode de courir avec une bouteille d'eau à la main, qu'il faut s'en débarrasser à un moment ou à un autre et qu'on se retrouve alors privé d'eau. Avez-vous déjà couru avec le Gourd'o de Daniel Paquette, qui a eu son heure de gloire auprès des coureurs de la première vague ? Aujourd'hui, on dispose de ces petites ceintures bien ajustées, équilibrées, contenant plusieurs petites rations d'eau qui facilitent la tâche de la réhydratation.

La règle générale vaut toujours : les coureurs devraient boire approximativement 375 ml d'eau à toutes les 30 minutes de course. Bien entendu, nombre de coureurs font fi de cette règle sans pour autant tomber de fatigue ou de déshydratation à la fin de chacun de leurs entraînements. Mais attention : ce n'est pas toujours par une sensation de soif que se manifeste la déshydratation. Parfois, l'effet se fait sentir quelques heures après la course. Si vous n'avez pas suffisamment bu, il arrive qu'une intense fatigue vous envahisse, vous donne le goût de dormir et que vous éprouviez alors une soif insatiable... Il ne sert à rien de se mettre dans un pareil état. On ne court pas pour bouleverser son équilibre et souffrir de malaises !

HIGH-TECH

Les boissons énergétiques se présentent comme des solutions de haute technologie aux problèmes de l'hydratation et de la récupération du coureur. Durant la première vague, certaines entreprises ont vu leur nom devenir presque un synonyme de boisson énergétique, à la manière de Frigidaire pour les réfrigérateurs. C'est le cas, notamment, de cette boisson orange avec laquelle on douche les entraîneurs de football américain les jours de championnat.

Aujourd'hui, les boissons énergétiques forment une véritable industrie dans laquelle on ne compte plus le nombre de joueurs. Chacun, à la manière des fabricants de chaussures, rivalise d'études scientifiques qui prétendent démontrer les capacités et les propriétés supérieures de son produit, présenté comme le plus adapté aux besoins des coureurs.

Tous les fabricants de boissons énergétiques revendiquent la première place en convainquant les coureurs qu'ils ont avantage à délaisser l'eau et à adopter leur produit pour leurs entraînements. À vous de décider.

Bien des experts persistent à soutenir que l'eau demeure la boisson la plus facile à digérer et la plus efficace pour satisfaire les besoins des coureurs. Avec la prolifération des marques et le jeu de la commandite, vous risquez fort de vous faire servir en pleine compétition une boisson énergétique à laquelle vous n'êtes pas habitué. Or, comme nous le verrons (Voir *Avant une compétition*, p. 147), changer ses habitudes n'est pas toujours la meilleure chose à faire lors d'une compétition ! Sur ce point, vous risquez donc moins en vous contentant de boire de l'eau !

TENIR UN CARNET D'ENTRAÎNEMENT

« Je me souviens... » Ah oui ? En fait, on ne se souvient pas longtemps. C'est même étonnant de voir à quel point on peut oublier la distance parcourue la veille, les conditions dans lesquelles on a couru, les difficultés éprouvées et les modifications apportées au programme, le cas échéant.

Sur ce point, le meilleur ami du coureur, c'est le carnet d'entraînement – le journal du coureur comme on l'appelle parfois. Comme en bien d'autres matières, ce n'est pas quand les choses tournent rondement qu'on a besoin du carnet d'entraînement, sinon pour se conforter et s'encourager. C'est plutôt quand on bute sur des difficultés et qu'on cherche comment s'en sortir. Sans mémoire, sans possibilité de retourner dans le temps, il est impossible de comprendre comment nous sommes arrivés à la situation actuelle.

Le carnet d'entraînement vous révélera-t-il tout ce que vous avez besoin de savoir ? Pas toujours. Mais il vous fournira néanmoins des informations qui vous feront passer de l'intuition à la preuve, de l'hypothèse à la thèse. Vous serez alors en mesure de déterminer ce qui peut expliquer vos pannes d'énergie ou vos succès inespérés durant la saison !

Si ce carnet n'est pas votre meilleur ami, il est certainement celui de votre entraîneur, qui se fera toujours une joie et un devoir de le consulter pour établir où vous en êtes et en comprendre les causes. Si l'interprétation des données de votre carnet vous paraît difficile, confiez-la à un expert !

LE CONTENU D'UN CARNET DE BORD TYPE

Il existe une grande variété de modèles de journal de bord destinés aux coureurs. Certains sont extrêmement détaillés alors que d'autres ne proposent que quelques cases à remplir. Certains sont électroniques et d'autres sont sur papier. Certains sont reliés et vendus commercialement alors que d'autres sont faits maison à la main, par les coureurs eux-mêmes.

En règle générale, le carnet d'entraînement a une structure reposant sur le calendrier annuel. Il doit permettre de reculer d'au moins un an, facilement et rapidement, pour évaluer les entraînements accomplis.

On y trouvera donc pour chaque séance d'entraînement : la date, la distance parcourue ou la durée de l'entraînement, la description des répétitions ainsi que le parcours suivi.

Certains vont plus loin et ajoutent une évaluation personnelle de l'entraînement, accompagnée de notes explicatives sur la météo, le vent et l'état de la chaussée, entre autres, ou sur tout autre aspect pouvant jeter une certaine lumière sur les données enregistrées. Certains y vont aussi d'une évaluation du niveau de fatigue durant et après l'entraînement.

La plupart permettent de faire des cumulatifs sur la distance parcourue ou le temps passé à la course durant la semaine, le mois et les saisons ou l'année.

Les outils informatiques ont quelque peu changé l'univers des carnets d'entraînement en papier ! On peut en trouver de nombreux exemples sur Internet. Par exemple, Runner's World propose aux coureurs de s'inscrire sur son site Internet et d'héberger gratuitement pour eux un journal de bord personnalisé qu'ils peuvent utiliser pour noter les résultats de leurs entraînements.

QUELQUES EXEMPLES DE L'UTILITÉ DU CARNET DE BORD

Tenir à jour le cumulatif des kilomètres parcourus avec chaque paire de chaussures d'entraînement et de compétition utilisée. Ainsi, quand des douleurs apparaissent, on peut examiner si l'usure des chaussures pourrait en être la cause.

Garder une trace de toutes les fois où un malaise, une fatigue accrue ou des difficultés à l'entraînement se manifestent dans une année. On pourra alors examiner à quelle période de l'année le phénomène se produit, s'il y a eu une augmentation trop grande ou trop rapide du volume d'entraînement ou de son intensité, si on changé de terrain ou de surface d'entraînement, etc.

Tenir un historique de ses compétitions (distance, rang et chrono) pour mieux analyser ses progrès.

Tracer le graphique des variations de kilométrage hebdomadaire sur un mois ou un trimestre et répondre à des questions comme : « Y a-t-il fluctuations et variations du kilométrage ou observe-t-on une progression ininterrompue et régulière ? »

DES ACCESSOIRES TECHNOLOGIQUES

De plus en plus d'outils technologiques sont mis au service des coureurs. Ils ne sont pas essentiels, mais ils peuvent rendre de grands services si vous avez les moyens de vous les procurer. Passons-les rapidement en revue.

Les montres GPS permettent de mesurer avec précision la distance franchie au cours d'une séance et de récolter des statistiques complémentaires, notamment la vitesse moyenne. Elles éliminent la nécessité de mesurer et de baliser les parcours d'entraînement et fournissent des résultats précis sur le véritable rythme suivi durant l'entraînement.

Les puces électroniques associées aux produits Nike et iPod exploitent aussi la technologie GPS, sans parler de la possibilité d'inscrire les données de chaque entraînement dans un logiciel destiné à servir de carnet d'entraînement perfectionné. Il n'en fallait pas plus pour que des logiciels analysent ces données et offrent aux coureurs de recevoir des suggestions d'entraînement personnalisées.

Le fréquencemètre renseigne le coureur en temps réel sur la fréquence cardiaque atteinte au cours de l'entraînement. C'est donc un autre outil précieux pour celui qui veut réellement courir au bon rythme, particulièrement en R1.

Une démarche pour tirer profit d'une montre cardio fréquencemètre

Voici une démarche utile pour jumeler cet outil *high-tech* à nos programmes d'entraînement, c'est-à-dire pour vous entraîner au bon rythme… cardiaque !

Suivez la démarche que nous proposons dans ce livre pour déterminer les rythmes d'entraînements R1, R2, R3 et R4 qui conviennent à votre niveau de forme actuel.

Rendez-vous sur une piste d'athlétisme. Courez de 3 à 5 min, en R1, R2, R3 et R4, puis prenez note de votre fréquence cardiaque pour chacun de ces rythmes. Assurez-vous de bien respecter les rythmes d'entraînement lors de vos essais (faites le calcul des temps de passage correspondant à chacun de ces rythmes). Procédez rythme par rythme.

Par la suite, vous serez en mesure de courir au bon rythme à partir des données obtenues sur la piste pour chacun des rythmes d'entraînement.

AVANT UNE COMPÉTITION

Ne changez rien à vos habitudes alimentaires et vestimentaires... avant une compétition

Ce que parfois la nervosité et la peur peuvent nous faire faire ! Vous êtes nerveux à la veille d'une compétition très importante. Vous doutez de votre entraînement, de votre forme, des problèmes que vos petits bobos sournois pourraient occasionner... En plus, tout le monde a l'air en meilleure forme que vous ; tout le monde vous donne des conseils ; vous regrettez de ne pas avoir suivi tous les entraînements prescrits par le programme, de ne pas en avoir fait un peu plus... C'est normal.

Mais attention. Le danger de l'improvisation vous guette. Et cela peut coûter cher. L'improvisation à une semaine d'une compétition importante peut ruiner tous vos efforts. Dites-vous que, de toute façon, il est trop tard, dans la semaine précédant la compétition, pour corriger réellement quoi que ce soit. Vous n'y pouvez à peu près plus rien.

Répétez-vous que votre programme d'entraînement a été conçu pour vous mener à bon port et qu'il indique précisément ce que vous devez faire durant la dernière semaine, à l'entraînement, pour arriver au sommet de votre forme. Alors, relaxez-vous ! Ayez confiance ! N'allez pas en faire une petite dernière « pour vous rassurer » : vous pourriez y laisser votre course !

Une bonne habitude à prendre consiste à profiter de votre participation aux compétitions de priorité B ou C (Voir *Planifiez votre saison*, p.104) pour effectuer une répétition générale de ce que vous ferez le jour de la compétition la plus importante, de priorité A. Et oui, comme des artistes, vous êtes appelés à donner une générale avant le grand jour !

TESTEZ VOTRE MATÉRIEL

Malgré les progrès de la technologie, il reste des réalités douloureusement insurmontables, comme l'impossibilité de porter du matériel neuf le jour de la compétition. Vous risqueriez d'échouer lamentablement et de vous blesser.

Un soulier neuf, nous l'avons dit, n'est pas cassé, il n'est pas formé à votre pied ni à votre foulée. Courir un marathon avec des chaussures neuves pourrait ruiner 22 semaines de préparatifs et d'entraînement, vous forcer à l'abandon et provoquer des blessures, peu importe le niveau de votre forme.

Ce n'est pas le moment non plus de porter des chaussettes neuves, si révolutionnaire que soit le tissu dont elles sont confectionnées. Si vous voulez éviter la distraction et l'inconfort de sentir progressivement la température s'élever sous vos pieds, à compter du 12ᵉ ou 15ᵉ kilomètre d'un marathon, comme cela est arrivé à tant de coureurs, gardez vos vieilles chaussettes.

Même chose pour la camisole, le chandail ou les shorts de course. S'échauffer l'entre-jambes jusqu'au sang ou encore les mamelons n'a rien de bien agréable en compétition.

Les vêtements les plus performants peuvent entraîner des problèmes de ce genre lorsqu'ils sont portés pour la première fois, et le fait que vous en « aviez des pareils » auparavant ne vous protège pas davantage ! Les détails prennent beaucoup d'importance en compétition. Courir un demi-marathon ou un marathon demande assez d'efforts et de concentration sans avoir, en plus, à gérer le stress occasionné par une ampoule ou une irritation jusqu'au sang !

Essayez au cours des semaines précédant la compétition chaque pièce d'équipement que vous porterez lors du jour J. De cette manière, vous n'utiliserez que du matériel sûr. Cherchez la combinaison gagnante et, quand vous l'aurez trouvée, réservez-la pour la compétition ! Évitez les mauvaises surprises !

TESTEZ VOS RECETTES

Vous avez sûrement entendu parler du régime spaghettis ? Cette pratique qui fut la grande favorite des marathoniens des années 1980 ? Depuis lors, la réputation de ce fameux régime en a pris un coup. Si jamais l'aventure vous tente, rappelez-vous de l'essayer au moins une fois avant le grand jour, question de ne pas risquer de tout rater au moment le plus important.

La logique qui fonde ce régime se tient. Il s'agit de provoquer la déplétion la plus complète des hydrates de carbone dans les réserves musculaires du corps. Pour ce faire, on provoque littéralement une famine en privant le corps de glucides durant les trois premiers jours du régime, lequel devrait normalement commencer après une course sur une longue distance.

Après trois jours d'une alimentation concentrée en lipides, au moment où le corps crie famine, on renverse complètement la vapeur et on entre dans une phase de surconsommation de glucides afin d'en favoriser l'emmagasinage le plus complet. De cette manière, les muscles, affamés, accumulent des réserves de glycogène supérieures à la normale, le carburant du coureur de fond et le choc du marathonien devant le fameux mur s'en trouve ainsi retardé.

La recette vous tente ? Notre conseil reste le même : *ne changez pas vos habitudes alimentaires et vestimentaires avant une compétition* importante. Par conséquent, si vous n'avez jamais fait l'expérience d'une semblable perturbation de vos habitudes alimentaires et que vous êtes incertain de la réaction de votre corps, il n'est pas sage de vous lancer à l'aveuglette dans un tel bouleversement.

Si la logique du régime semble implacable, on peut aussi lui en opposer une autre tout aussi forte. Est-ce que la semaine précédant la compétition pour laquelle on se prépare depuis des mois est vraiment le meilleur moment pour faire des expériences avec la chimie de son corps ?

Il semble évident que de se poser la question, c'est d'y répondre.

Que faire alors ? Faites vos expériences. Adoptez l'idée qu'il faut un stock de glycogène dans vos muscles pour arriver à bon port. Surveillez votre alimentation durant les semaines qui précèdent l'événement. Mangez mieux. Observez vos réactions avant vos sorties et les compétitions. Relevez les circonstances alimentaires qui vous servent le mieux et testez toutes vos recettes, tout votre menu des jours précédant une compétition. Ne laissez rien au hasard. Que mangerez-vous le matin de la compétition ? Combien d'heures avant la compétition ? Cela vous appartient.

Quand des athlètes de haut niveau daignent avouer le régime qu'ils s'imposent à la veille de certaines compétitions, on se rend compte à quel point les règles officielles sont parfois bafouées... C'est qu'on oublie souvent qu'un jeune « body » de 25 ans est capable d'encaisser plus qu'un de 50 ans !

LES ÉLÉMENTS DE LA RÉPÉTITION GÉNÉRALE

1. Préparez les repas et les activités de la veille du grand jour.

Certains restent couchés pratiquement toute la journée de la veille du marathon, par souci de ménager leurs jambes. D'autres vont à leurs occupations sans trop y penser. D'autres encore tentent d'oublier ce qui les attend le lendemain en écoutant la télé, des films, de la musique. Faites vos expériences et assurez-vous d'avoir testé un scénario de repas et une routine du jour précédent. Sachez ce qui « marche » pour vous.

2. Préparez tous les vêtements et chaussures que vous porterez, en fonction du temps qu'il fera.

3. Élaborez votre routine d'échauffement, de votre arrivée sur le site jusqu'au fil de départ.

4. Élaborez votre plan d'hydratation avant, pendant et après la course

Prendrez-vous des précautions la veille pour bien vous hydrater ? Vous rendrez-vous sur le site avec votre bouteille d'eau ? Boirez-vous à toutes les stations ? Boirez-vous de l'eau ou des boissons sportives si l'on vous en offre sur le parcours ? Absorberez-vous des carrés de dextrose sur le parcours ? Une fois encore, si vous désirez faire l'essai des boissons sportives, faites-le lors de votre répétition générale et observez vos réactions. Élaborez votre scénario et ne laissez rien vous en distraire, avant ou pendant l'épreuve.

Finalement, il vous faudra aussi un scénario pour le retour au calme. Voir *L'échauffement et le retour au calme à l'entraînement et en compétition*, p. 151.

L'ÉCHAUFFEMENT ET LE RETOUR AU CALME À L'ENTRAÎNEMENT ET EN COMPÉTITION

Les heures qui suivent et qui précèdent une compétition ou un entraînement ont une influence parfois décisive sur leur succès ou leur échec.

Plusieurs débutants perçoivent l'échauffement avant une compétition comme un gaspillage de précieuses énergies. Ils préfèrent limiter leurs déplacements. Ils se retrouvent donc à la ligne de départ mal échauffés et n'obtiennent ainsi qu'un piètre résultat. Le risque d'en faire trop avant le départ existe-t-il ? Oui, bien sûr. Mais le risque de ne pas en faire assez avant une compétition est encore plus élevé. Et ce risque est probablement encore plus grand avant un entraînement.

Bien que le phénomène se produise rarement, il peut arriver que vous en fassiez trop à l'échauffement et que votre performance en soit amoindrie. Cependant, vos muscles n'en souffriront pas, car ils auront été suffisamment préparés à fournir l'effort demandé. Et ça aussi, c'est important.

Plus la distance de compétition est courte et plus il importe de se préparer par un échauffement systématique. C'est une question de rythme et d'intensité. Sur les distances plus courtes, il faut être prêt à se lancer à un rythme de compétition dès le coup de départ.

La plupart des coureurs expérimentés parcourent entre 3 et 5 km durant l'échauffement et font de même lors du retour au calme au terme d'une épreuve de... 5 km. Bien entendu, cette distance est parcourue de manière fractionnée, à différents rythmes et selon une progression que nous exposerons un peu plus loin.

Plus la distance est grande, plus le coureur peut en profiter, pense-t-on, pour s'échauffer en cours de route. Or, techniquement, c'est faux, car même avant un marathon, des préparatifs et un certain échauffement sont absolument nécessaires.

Le retour au calme est sans doute l'activité la plus mal aimée des coureurs sur route. Pourtant, le retour au calme aide à la récupération sur le plan musculaire après une compétition. N'oubliez pas de vous hydrater tout de suite après la compétition. Entreprenez votre retour au calme dans les 15 à 20 minutes suivant la compétition.

La routine de l'échauffement et celle du retour au calme s'imposent à la fois pour les entraînements et les compétitions. Examinons d'abord les « ingrédients » nécessaires et observons un exemple d'échauffement complet avant une épreuve sur route de 5 km.

ROUTINE D'ÉCHAUFFEMENT AVANT UNE COURSE

- Une heure avant le signal du départ : course lente de 15 à 20 min.
- Étirements durant 15 min.
- Course lente au maximum pendant 10 min.
- Accélérations d'une durée de 10 à 20 s jusqu'à la vitesse que l'on entend adopter pour la compétition (R4 pour une épreuve de 5 km). Marche rapide ou course après entre les accélérations. Élever les pulsations progressivement jusqu'à 10 à 15 min avant le départ.

10 à 15 min avant le départ, se placer et attendre le signal.

AVANT UN ENTRAÎNEMENT, C'EST SENSIBLEMENT LA MÊME CHOSE

- Commencer par de la marche ou une course lente pendant au moins 10 à 15 min, selon votre niveau.
- Faire quelques étirements.
- Faire quelques accélérations.
- Entamer son entraînement.

RETOUR AU CALME

Après une compétition, la tentation est forte d'aller sans tarder parler à tout le monde pour vanter ses prouesses ou déplorer ses déboires. Mais, autant que possible, il vaut mieux prendre le temps de revenir au calme et de se détendre avant de socialiser.

La recette du retour au calme comprend les mêmes ingrédients que celle de l'échauffement, à l'exception des accélérations. En fait, ce qu'on cherche à faire, c'est justement le contraire, c'est-à-dire détendre les muscles au moyen d'un jogging léger.

DES EXERCICES CARDIO COMPLÉMENTAIRES

Aujourd'hui, plusieurs coureurs ne font pas que courir. Ils pratiquent aussi d'autres sports, comme la natation ou le cyclisme pendant l'été, le patinage et le ski de fond pendant l'hiver, sans parler de ceux qui s'entraînent aussi au gymnase. Ces activités nuisent-elles à l'entraînement ou le font-elles progresser?

Bien évidemment, une personne en bonne forme part avec une longueur d'avance sur un sédentaire, quand tous les deux entament leur entraînement en course à pied. Ils commencent tout de même par être des débutants avant de devenir des coureurs réguliers. Autrement dit, comme nous l'avons déjà mentionné, pour devenir un coureur, il faut… courir, et non pas seulement être en forme parce qu'on pratique un autre sport. C'est pourquoi nous avons suggéré de courir au moins trois fois par semaine. Les exercices cardio complémentaires ne peuvent réellement pas remplacer ce minimum indispensable.

Cela dit, les exercices cardio complémentaires peuvent aider à bien des égards au développement du coureur et compléter son entraînement. Voyons comment.

UNE CINQUIÈME OU UNE SIXIÈME SÉANCE D'ENTRAÎNEMENT

La pratique d'autres sports cardio est une alternative intéressante pour les coureurs régliers ou avancés qui veulent ajouter une cinquième ou une sixième séance d'entraînement hebdomadaire à leur programme. Cette formule est de plus en plus exploitée dans les programmes d'entraînement des athlètes d'élite. Ces séances d'entraînement supplémentaires permettent en effet d'accroître les capacités cardiaques, musculaires et pulmonaires des athlètes tout en leur épargnant le stress de la course et de l'impact répété du poids du corps sur les genoux et les articulations.

AU GYMNASE

Quand la foulée est incertaine, que le froid est trop intense et que les sorties deviennent carrément désagréables, plusieurs se réfugient dans les gymnases pour s'entraîner sur des machines elliptiques, des vélos stationnaires et des tapis roulants. De la même manière, pour certains, la meilleure façon de déjouer l'hiver, c'est de pratiquer le ski de fond, la raquette ou le patinage. D'autant plus que l'hiver est une saison que l'on consacre en partie au repos annuel et au repos actif – c'est-à dire au retour progressif à l'entraînement et à la bonne forme par des programmes de mise en forme (les blocs de huit semaines).

Alors, comment faire pour intégrer le ski de fond, la natation, l'elliptique ou le vélo dans notre programme d'entraînement ?

LA RÈGLE DU 3 POUR 1

Cette règle vaut pour pratiquement tous les sports aérobies, comme le ski de fond (au pas classique), la natation, l'elliptique, le vélo, la marche rapide. Seule exception, le ski de fond (au pas de patin), où la règle devient 2 pour 1.

Cette règle signifie qu'à effort égal, trois heures de pratique d'un sport aérobie équivalent à une heure d'entraînement en course à pied. Certains spécialistes parlent plutôt de 2,5 pour 1 – mais a-t-on besoin d'être aussi précis ? Quoi qu'il en soit, on peut dire qu'en gros, faire une randonnée de vélo de six heures, c'est comme faire deux heures d'entraînement en course à pied. Alors n'hésitez pas !

LES ENFANTS ET LA COURSE

Les organisateurs ont mis en place des événements de course à pied à caractère familial, et c'est très bien. Habituellement, on y tient des compétitions de 1, 2 ou 3 km, parfois même de 1 mile, auxquelles tout le monde peut participer, mais où l'accent est mis sur la participation des enfants. Les enfants peuvent faire « comme papa ou maman ».

IL N'Y A PAS QUE LE MARATHON DANS LA VIE

Grâce au raccourcissement des distances, les courses familiales favorisent la participation des enfants. Mais il y a plus.

Nous avons expliqué que le corps d'un coureur débutant mettait au moins deux ans à parachever son adaptation à la pratique de la course à pied. Croyez-vous que les enfants soient physiologiquement prêts à cette adaptation ? On s'entend généralement pour dire que ce n'est pas le cas. L'ossature, la musculation, les tendons, bref, tout le développement physique de l'enfant ne possède pas la maturité qui lui permettrait de bénéficier sans risques de sa participation à des compétitions de 5 km avant l'âge de 16 ans.

Bien entendu, il est possible que des jeunes y arrivent avant cet âge. Dans toutes les compétitions, on en trouve qui réussissent et n'en meurent pas. C'est entendu. Mais sommes-nous en mesure d'affirmer avec certitude que cette pratique engendre un développement complet et harmonieux des enfants ? On ne le peut pas.

Voici nos recommandations quant à la longueur des compétitions auxquelles les enfants devraient participer :

- pour les enfants de 11 ans et moins, ne participer qu'à des compétitions de 1 km ;
- pour les 12 à 15 ans, limiter la distance à 2 ou 3 km au maximum ;
- pour les 16 ans et plus, aller jusqu'à 5 km, mais avec modération.

Trop d'enfants participent à des compétitions de 5 km avant l'âge de 12 ans. Ils ont tort et les parents sont mauvais juges en la matière. Ce n'est pas parce qu'un enfant est en mesure de courir un 5 km qu'il DOIT le faire. Du point de vue de son développement physiologique et athlétique, c'est prématuré. De la même manière qu'on s'ouvre désormais à d'autres pratiques que le marathon chez les adultes, de même il faut s'ouvrir à l'idée que la participation des enfants aux courses sur route n'est pas nécessairement favorable. Il convient donc de respecter les limites suggérées quant à la longueur des épreuves auxquelles les enfants peuvent être autorisés à participer.

UNE EXPÉRIENCE QU'IL VAUT LA PEINE DE SUIVRE

Les Vainqueurs sont en train de révolutionner le monde de l'athlétisme au Québec. Depuis longtemps, dans le Club les Vainqueurs, on a couru en famille. Il s'y développent des sections exclusivement composées de jeunes ayant entre 6 et 13 ans et entre 14 et 24 ans qui prennent part à l'entraînement hebdomadaire en même temps que les sections des adultes.

Ces sections sont très vivantes et fonctionnelles. On y compte par exemple pas moins de 80 jeunes garçons et filles âgés entre 6 et 13 ans. La section athlétisme des jeunes adultes n'est pas en reste non plus, avec une participation de plus de 45 jeunes.

Comment se fait-il que les jeunes d'aujourd'hui considèrent l'athlétisme comme une activité à la mode et qu'ils y participent en si grand nombre ?

Sans en tirer de leçons, on peut tout simplement dresser le bilan suivant de ce phénomène en plein essor.

FAIRE DE L'ATHLÉTISME, C'EST UN JEU

Courir, sauter et lancer sont des jeux. L'athlétisme est le jeu le plus simple et le plus universel qui soit. C'est un jeu naturel pour tous les enfants. Avez-vous déjà vu des enfants refuser de jouer? Ce que fait le Club les Vainqueurs, c'est leur permettre de pratiquer l'athlétisme par le jeu.

FAIRE DE L'ATHLÉTISME, C'EST JOUER EN GROUPE !

Les enfants forment un groupe qui leur est propre, mais qui porte les couleurs du Club – les couleurs réservées à la section athlétisme. Ces jeunes portent donc la même camisole que Karine Belleau Béliveau, 6e au 800 et au 1 500 mètres aux Jeux de la francophonie. Ils portent les mêmes couleurs parce qu'ils sont membres à part entière du même club. Ils participent aux activités du club, où certains d'entre eux sont honorés, en compagnie des athlètes de toutes les autres sections qui s'y réunissent pour célébrer les succès de l'année.

De plus, à chaque entraînement, des entraîneurs qualifiés et passionnés les attendent, forts d'un programme organisé, fondé sur le jeu et l'enseignement de certaines techniques de base. Chaque semaine, ils courent, lancent et sautent, passant d'un plateau à l'autre durant la même séance d'entraînement.

LE CLUB PERMET DE FAIRE L'EXPÉRIENCE DES COMPÉTITIONS

Les membres du club participent aux compétitions principales d'athlétisme ouvertes à leur catégorie d'âge. Ils ont déjà visité Sherbrooke, Québec et bien d'autres municipalités. Durant ces événements, leurs rangs se resserrent, ils nouent des liens avec d'autres jeunes, d'autres clubs avec lesquels ils entrent en concurrence, mais surtout, ils ont ainsi la chance de mesurer leur progression. Et quelle progression ! Il suffit de consulter les résultats des compétitions provinciales en salle, extérieures et de cross-country pour jauger non seulement l'enthousiasme de leur participation, mais aussi la qualité des résultats qu'ils obtiennent.

ET NOUS VOILÀ REVENUS AU POINT DE DÉPART

La participation des parents à la course sur route est sans conteste une contribution extraordinaire au développement de saines habitudes d'activité physique chez les jeunes. Avec une organisation comme celle les Vainqueurs, c'est effectivement toute la famille qui se déplace les mardis soirs pour participer aux entraînements d'athlétisme, chacun étant dirigé vers un programme d'activités correspondant à son niveau de développement et à ses intérêts, après quoi tous se réunissent, en fin de soirée, pour se réjouir et se féliciter de leurs efforts.

DES CATÉGORIES D'ÂGE À DISTINGUER ET À RESPECTER

Il n'y a pas d'âge précis pour un jeune qui désire commencer un programme d'entraînement en course à pied, comme nous venons de le voir. Il est cependant de la toute première importance d'établir des limites à la hauteur des capacités et du développement des enfants de tous les âges. Le développement maximal d'un athlète d'élite atteint son apogée entre 26 et 32 ans, au même titre qu'un joueur de soccer ou de hockey.

DE 6 À 9 ANS : COCCINELLES ET COLIBRIS

À cet âge, la course à pied est source d'amusement et se pratique sur une base exclusivement récréative. Il est normal que les enfants de cet âge aient aussi de l'intérêt pour d'autres sports et qu'ils y participent. Il ne faut rien changer à leurs activités sportives en tout genre. L'idéal est d'utiliser le prétexte de l'athlétisme pour jouer – jouer à courir, sauter et lancer.

C'est aussi l'âge où, sans en faire un plat, on peut aiguillonner leur désir de participer à une épreuve d'athlétisme avec leur école ou leur club, ou encore à une épreuve de 1 km.

À ce sujet, dans la semaine précédant l'événement, vous pourriez entreprendre avec votre enfant une ou deux petites sorties de jogging et de marche ne dépassant pas les 10 à 15 minutes ; cela dans le but de lui donner confiance et de l'aider à terminer son kilomètre lors de l'épreuve. De telles sorties seront bien suffisantes pour préparer votre futur champion !

10 À 13 ANS : MINIMES ET BENJAMINS

On compte déjà, un peu partout au Québec, quelques clubs qui sont prêts à recevoir et à encadrer des jeunes de cet âge. Ce qu'on y vise surtout, c'est de leur donner le goût de l'athlétisme (course, sauts et lancers) par des entraînements encadrés (une à deux fois par semaine) qui tiennent compte des autres sports qu'ils peuvent pratiquer.

Il faut bien doser les entraînements et faire en sorte que la dépense énergétique de l'enfant ne dépasse jamais celle qu'exigerait un match de soccer, par exemple.

Un message aux parents : l'aspect compétitif du sport est une arme à deux tranchants. La compétition peut se révéler stimulante ou néfaste chez les enfants de cet âge. C'est pourquoi il ne faut pas mesurer ses performances à la seule lumière des chronomètres. L'esprit d'équipe joue un rôle important dans son évolution et pour la suite de son activité en athlétisme.

14 À 17 ANS : CADETS ET JUVÉNILES

À cet âge, il est normal qu'un athlète commence à suivre un entraînement structuré, mais il ne s'ensuit pas qu'il doive dès lors courir tous les jours.

L'entraîneur a pour mission d'assurer le bon dosage de l'entraînement chaque semaine, selon la période de l'année. Il doit établir une fréquence, un volume d'entraînement et une intensité en fonction de l'expérience de l'athlète, et surtout sans oublier un aspect clé de l'entraînement : la récupération.

L'ÉTHIQUE DU COUREUR SUR ROUTE

DONNEZ ET VOUS RECEVREZ

Si vous avez déjà participé à une course sur route, vous aurez probablement été étonné des mesures mises en œuvre pour assurer votre sécurité et pour que vous connaissiez une bonne course. En général, les organisateurs prennent effectivement un soin jaloux de la santé, de la sécurité et du bien-être des coureurs qui répondent à leur invitation.

Nous ne vous apprendrons rien en vous disant qu'une des clés de la réussite de ces événements réside, après les commandites et le financement, dans la mobilisation et l'entraînement des nombreux bénévoles qui prennent part à l'une ou l'autre des mille et une tâches qu'exige l'organisation d'une épreuve sur route.

La participation de tous ces bénévoles affectés à la route, aux points d'eau, aux dossards, aux résultats et au goûter, sans parler de toutes les autres fonctions : stationnement, renseignements, inscription le jour même, installation des barricades sur le parcours, etc. a quelque chose de très impressionnant.

Tous les organisateurs vous le diront : un tel déploiement est tellement exigeant et fragile, qu'il est constamment menacé de se désorganiser. Combien d'événements ont disparu faute de ressource humaine indispensable ?

Voilà pourquoi plusieurs coureurs en ont conclu qu'ils devraient eux aussi mettre la main à la pâte au moins une fois par année, de manière à pouvoir continuer d'en profiter eux-mêmes. Donnez et vous recevrez !

Chaque année, on les voit rendre à la communauté ce qu'ils ont reçu en participant, entre deux compétitions, à au moins un événement en tant que bénévole. Il s'agit d'un exemple que nous vous recommandons de suivre. Si vous participez à des courses sur route et que vous bénéficiez des services des bénévoles qui assurent son bon fonctionnement, engagez-vous à votre tour dans au moins un événement à titre de bénévole, afin de contribuer à faire tourner la roue.

Imaginez le soulagement des organisateurs si soudainement tout le Québec pouvait compter sur 22 000 bénévoles durant la saison. On assurerait ainsi la pérennité des divers événements et le développement de notre sport.

PRÉINSCRIVEZ-VOUS !

Pouvez-vous imaginer un instant le casse-tête d'un organisateur qui doit, le matin même d'une compétition, faire face à une augmentation de 400 ou 500 coureurs qui n'avaient aucunement annoncé leur présence ? Il lui faut, entre autres, augmenter les quantités de son service de goûter, que le commanditaire avait établies en fonction du nombre des inscrits une semaine avant l'événement...

Dans une telle situation, les coureurs risquent de ne pas recevoir tous les services qui leur étaient destinés ! Beaucoup trouveront des raisons de s'en plaindre, au premier rang desquels figureront probablement ceux qui se sont inscrits à la dernière minute. Et ce seront certainement les mêmes qui diront ensuite du mal de l'organisation et recommanderont aux autres de ne plus y revenir !

Le problème existe également en sens inverse. Ainsi, un promoteur peut préparer un goûter pour 1 200 coureurs en se fiant au total des 800 préinscrits et avoir la déconvenue de ne voir arriver que 400 coureurs à cause d'un orage intempestif. Alors, que d'argent gaspillé ! Quelle perte d'énergie, quelle frustration !

Bien que les frais soient plus élevés pour une inscription de dernière minute, de très nombreux coureurs continuent d'attendre d'avoir l'assurance qu'il fera beau avant de s'inscrire. Il faut croire que ce n'est pas du double que les frais devraient augmenter pour l'inscription des retardataires, mais de 300 ou même 400 %.

Ou alors, il ne reste plus aux organisateurs qu'à fermer les inscriptions une semaine avant l'événement et à n'accepter aucun retardataire. On y perdrait en spontanéité, mais on y gagnerait en crédibilité.

On reproche souvent aux organisateurs d'avoir haussé globalement le prix des inscriptions. Pourtant, on préfère payer plus cher le jour même que de bénéficier du prix réduit des préinscrits et faciliter ainsi le travail des organisateurs.

Vraiment, il serait bien que les coureurs de la deuxième vague rompent avec cette mauvaise habitude et qu'ils fassent montre de leur soutien à l'égard des organisateurs et du développement de notre sport en se préinscrivant le plus souvent possible aux compétitions auxquelles ils entendent participer.

FÉLICITATIONS AUX ORGANISATEURS !

Ils sont plus d'une centaine au Québec à organiser chaque année une compétition de course à pied – sur route, cross-country ou sur piste. Ce sont des passionnés, généralement des bénévoles, qui se donnent pour mission de faire connaître aux coureurs une expérience sportive mémorable entre toutes.

Ce sont aussi des leaders, au sein d'une équipe comptant souvent plus de cent personnes, mais des leaders présents dans la communauté, où ils coopèrent avec les commanditaires, les autorités municipales et policières ainsi qu'une kyrielle d'organismes de toutes sortes qui contribuent, chacun à leur manière, au succès de l'événement.

Ne manquez jamais de féliciter et de remercier les organisateurs et les bénévoles quand vous participez à une compétition !

L'ÉTHIQUE EN COMPÉTITION

Sur la ligne de départ

Prenez votre rang en fonction de votre vitesse de marche ou de course. Les plus rapides devraient occuper les premiers rangs et les plus lents les derniers. On évite ainsi bien des bousculades et des frustrations.

Écoutez les consignes qui vous sont données ; il en va de votre sécurité et de la bonne marche de la course. Les directeurs techniques n'émettent pas ces directives pour le seul plaisir de le faire !

Épinglez votre dossard sur le devant de votre camisole ; qu'il soit visible en tout temps. Les organisateurs d'événements ne donnent pas de services sur le parcours à ceux qui ne semblent pas en faire partie.

Durant la course

Ne courez pas côte à côte avec plus d'un autre coureur. Laissez de l'espace à ceux qui veulent vous dépasser et ne bloquez pas la rue ou la piste indûment.

Aux points d'eau, éloignez-vous des tables dès que l'on vous a servi. Laissez le passage aux coureurs qui vous suivent et rangez-vous sur les côtés si vous devez vous arrêter pour boire.

Ne vous gênez pas pour encourager les coureurs autour de vous et prenez soin des autres !

À l'arrivée

Dites à vos amis de ne pas franchir la ligne d'arrivée en même temps que vous ! Cela complique inutilement la compilation des résultats !

Une fois que vous aurez franchi la ligne d'arrivée, continuez à marcher dans les corridors d'arrivée, ne vous arrêtez pas !

Respectez les rangs qui se sont formés pour le service de rafraîchissement (« d'après-course ») et pensez que vous n'êtes pas seul à vouloir en profiter ! La modération a toujours meilleur goût.

COURIR EN GROUPES

COMBATTRE LA SOLITUDE DU COUREUR DE FOND

Les coureurs occupent différemment leur esprit durant la course. Certains sont tout entier présents à ce qu'ils font : leur pensée va à l'observation de leur rythme, de leur souffle, du parcours, de leur énergie, de la fluidité de leur mouvement, de leurs sensations générales ; ils comptent, mesurent et analysent presque complètement ce qui se passe en eux.

D'autres font exactement le contraire. Leur esprit vagabonde presque continuellement d'un sujet à l'autre, ne s'arrêtant que de très brefs moments sur l'évolution de leur course durant l'entraînement.

Néanmoins, la plupart des coureurs, malgré le caractère individuel de leur sport, aiment partager la route avec d'autres lors de certains de leurs entraînements. Quelques-uns établissent même des « partenariats » qui durent longtemps et qui se traduisent par des rendez-vous réguliers, hebdomadaires ou même à raison de plusieurs fois par semaine. C'est l'un des paradoxes de notre sport.

Plusieurs coureurs combattent ainsi la solitude du coureur de fond (pour reprendre le titre de la célèbre nouvelle de Alan Sillitoe, parue en 1959 : *The loneliness of the long distance runner*). La conversation qu'ils entretiennent avec leurs partenaires peut être interminable et continue, alors que d'autres l'entrecoupent de longs silences et de soliloques.

Une chose est sûre : le fait d'avoir un rendez-vous, tant attendu et de savoir que quelqu'un compte sur nous sert de motivation et d'encouragement à sortir. Nous disions plus haut que les premières minutes d'un entraînement sont toujours les plus difficiles. Les rendez-vous sont souvent juste ce qu'il faut pour nous tirer du lit ou du fauteuil pour aller partager la route avec un partenaire, bien que l'envie nous manque à cause de la fatigue, de l'heure, de la lumière, de vos occupations, de vos préoccupations, de la température… (toutes les raisons semblent parfois bonnes pour… laisser faire).

Bien entendu, les longues sorties du dimanche matin sont un classique du genre. Tous y trouvent une stimulation, une distraction, une occasion de partage et un encouragement, un sentiment d'amitié et de solidarité qui facilite la poursuite de ces longs entraînements. En courant avec d'autres, on bénéficie de l'incitation à continuer que procure leur exemple et, le cas échéant, on leur sert à son tour d'exemple inspirant.

Prenons l'exemple des coureurs de Hudson, au Québec, toujours fidèles à leur rendez-vous hebdomadaire dans le même stationnement depuis 25 ans ! Beau temps mauvais temps, le dimanche matin, ils s'y rassemblent et s'entendent simplement sur la direction à prendre. Ensuite, des sous-groupes se forment selon les rythmes et les intentions de chacun ce matin-là. Les plus rapides font une douzaine de kilomètres, d'autres se contentent de cinq. Le moment venu, tout le monde se retrouve attablé pour le café, les brioches et un peu de fraternisation.

Combien de groupes de coureurs comme celui-là existe-t-il au Québec ? Qui ne sont enregistrés nulle part et que seuls les membres et leur entourage connaissent. En fait, à peu près partout où vous vous trouverez dans le monde, vous pourrez entrer en rapport avec des coureurs locaux et vous joindre à eux.

GARDEZ LE RYTHME

La seule chose à surveiller dans ces circonstances, c'est de se conformer à *son* rythme. Certes, c'est parfois plus facile à dire qu'à faire. Cette règle n'en est pas moins de première importance. Parfois, il vaut mieux profiter de la stimulation du groupe durant la période allant du rendez-vous jusqu'aux premières foulées et poursuivre seul pour retrouver le groupe par la suite, plutôt que de se laisser entraîner à suivre un rythme trop rapide.

Si vous avez la chance de trouver un coureur qui court pratiquement au même rythme d'entraînement que vous, profitez-en et prenez-en soin ! C'est précieux ! Parfois, également, les coureurs expérimentés accompagnent des coureurs qui le sont moins en réduisant leur rythme. Une telle décision prise consciemment et occasionnellement ne nuit en rien au conditionnement. C'est quand un coureur tente d'adopter un rythme supérieur au sien pour accompagner le groupe que des problèmes peuvent surgir (ainsi que nous l'avons déjà vu).

N'oubliez jamais que *vite* et *lent* sont des termes relatifs. À ce sujet Michel a un souvenir mémorable de sa participation à une course sur route à Ayers Cliff. « J'ai déjà battu un record personnel en parcourant 10 km en 48 minutes. Plus j'approchais de la ligne d'arrivée, avec une conscience de plus en plus nette de mon exploit, plus je recevais les félicitations de plusieurs coureurs qui m'encourageaient et m'applaudissaient. Or, quelle ne fut pas ma surprise lorsque je passai le fil d'arrivée ! J'étais seul à le faire, mais des dizaines de personnes étaient là à m'acclamer...

C'est que j'étais tout simplement le dernier de cette course ! »

CONCLUSION

MARCHEZ !

COUREZ !

ENTRAÎNEZ-VOUS !

JOIGNEZ-VOUS À UN CLUB DE COUREURS SUR ROUTE !

AMUSEZ-VOUS !

PARTICIPEZ AUX COMPÉTITIONS !

BÉNÉFICIEZ DE NOS PROGRAMMES ET DE NOS CONSEILS !

NOUS VOUS SOUHAITONS DE TIRER LE MEILLEUR PROFIT DE VOTRE SPORT PENDANT DES ANNÉES ET DES ANNÉES !

MAIS SURTOUT...

NOUS ESPÉRONS VOUS AVOIR CONVAINCU DE...

COURIR AU BON RYTHME !

POUR VOTRE RÉFÉRENCE

Les temps de passage ont été pris sur toutes les distances en fonction d'une vitesse constante exprimée en km/h et en min/km.

Exemple : un athlète courant à 20 km/h, ou à 3 min/km, franchira 5 km en 15 min et 40 km en 2 h si sa vitesse est constante.

(Voir tableau des *Temps de passage* p. 168 et p. 169)

TABLEAU DES TEMPS DE PASSAGE

km/h	1 km	5 km	10 km	15 km	20 Kkm	21,1 km
20,000	3:00	15:00	30:00	45:00	1h00:00	1h03:17
18,945	3:10	15:50	31:40	47:30	1h03:20	1h06:48
18,000	3:20	16:40	33:20	50:00	1h06:40	1h10:20
17,142	3:30	17:30	35:00	52:30	1h10:00	1h13:51
16,363	3:40	18:20	36:40	55:00	1h13:20	1h17:22
15,652	3:50	19:10	38:20	57:30	1h16:40	1h20:53
15,000	4:00	20:00	40:00	1h00:00	1h20:00	1h24:24
14,400	4:10	20:50	41:30	1h02:30	1h23:20	1h27:55
13,846	4:20	21:40	43:20	1h05:00	1h26:40	1h31:26
13,333	4:30	22:30	45:00	1h07:30	1h30:00	1h34:57
12,857	4:40	23:00	46:40	1h10:00	1h33:20	1h38:28
12,413	4:50	24:10	48:20	1h12:30	1h36:40	1h41:59
12,000	5:00	25:00	50:00	1h15:00	1h40:00	1h45:30
11 612	5:10	25:50	51:40	1h17:30	1h43:20	1h49:00
11,250	5:20	26:40	53:20	1h20:00	1h46:40	1h52:30
10,909	5:30	27:30	55:00	1h22:30	1h50:00	1h56:00
10,588	5:40	28:20	56:40	1h25:00	1h53:20	1h59:30
10,285	5:50	29:10	58:20	1h27:30	1h56:40	2h03:00
10,000	6:00	30:00	1h00:00	1h30:00	2h00:00	2h06:30
9,729	6:10	30:50	1h01:40	1h32:30	2h03:20	2h10:00
9,473	6:20	31:40	1h03:20	1h35:00	2h06:40	2h13:30
9,230	6:30	32:30	1h05:00	1h37:30	2h10:00	2h17:00
9,000	6:40	33:20	1h06:40	1h40:00	2h13:20	2h20:30
8,780	6:50	34:10	1h08:20	1h42:30	2h16:40	2h24:00
8,571	7:00	35:00	1h10:00	1h45:00	2h20:00	2h27:30
8,372	7:10	35:50	1h11:40	1h47:30	2h23:20	2h31:00
8,181	7:20	36:40	1h13:20	1h50:00	2h26:40	2h34:30
8,000	7:30	37:30	1h15:00	1h52:30	2h30:00	2h38:00
7,826	7:40	38:20	1h16:40	1h55:00	2h33:20	2h40:46
7,659	7:50	39:10	1h18:20	1h57:30	2h36:40	2h45:17
7,500	8:00	40:00	1h20:00	2h00:00	2h40:00	2h48:48
7,346	8:10	40:50	1h21:40	2h02:40	2h43:20	2h52:19
7,200	8:20	41:40	1h23:20	2h05:00	2h46:40	2h55:50
7,058	8:30	42:30	1h25:00	2h07:30	2h50:00	2h59:21
6,923	8:40	43:20	1h26:40	2h10:00	2h53:20	3h02:52
6,792	8:50	44:10	1h28:20	2h12:30	2h56:40	3h06:23

TABLEAU DES TEMPS DE PASSAGE (SUITE)

km/h	25 km	30 km	35 km	40 km	42,195 km
20,000	1h15:00	1h30:00	1h45:00	2h00:00	2h06:35
18,945	1h19:10	1h35:00	1h50:00	2h06:00	2h13:37
18,000	1h23:20	1h40:00	1h56:00	2h13:00	2h20:39
17,142	1h27:30	1h45:00	2h02:00	2h20:00	2h27:41
16,363	1h31:40	1h50:00	2h08:00	2h26:00	2h34:43
15,652	1h35:50	1h55:00	2h14:00	2h33:00	2h41:45
15,000	1h40:00	2h00:00	2h20:00	2h40:00	2h48:46
14,400	1h44:10	2h05:00	2h25:00	2h46:00	2h55:48
13,846	1h48:20	2h10:00	2h31:00	2h53:00	3h02:50
13,333	1h52:30	2h15:00	2h37:00	3h00:00	3h09:52
12,857	1h56:40	2h20:00	2h43:00	3h06:00	3h16:54
12,413	2h00:50	2h25:00	2h49:00	3h13:00	3h23:56
12,000	2h05:00	2h30:00	2h55:00	3h20:00	3h31:00
11 612	2h09:10	2h35:00	3h00:00	3h26:00	3h38:00
11,250	2h13:20	2h40:00	3h06:00	3h33:00	3h45:00
10,909	2h17:30	2h45:00	3h12:00	3h40:00	3h52:00
10,588	3h21:40	2h50:00	3h18:00	3h46:00	3h59:00
10,285	2h25:50	2h55:00	3h24:00	3h53:00	4h06:00
10,000	2h30:00	3h00:00	3h30:00	4h00:00	4h13:00
9,729	2h34:10	3h05:00	3h35:00	4h06:00	4h20:00
9,473	2h38:20	3h10:00	3h41:00	4h13:00	4h27:00
9,230	2h42:30	3h15:00	3h47:00	4h20:00	4h34:00
9,000	2h46:40	3h20:00	3h53:00	4h26:00	4h41:00
8,780	2h50:50	3h25:00	3h59:00	4h33:00	4h48:00
8,571	2h55:00	3h30:00	4h05:00	4h40:00	4h55:00
8,372	2h59:10	3h35:00	4h10:00	4h46:00	5h02:00
8,181	3h03:20	3h40:00	4h16:00	4h53:00	5h09:00
8,000	3h07:30	3h45:00	4h22:00	5h00:00	5h16:00
7,826	3h11:40	3h50:00	4h28:00	5h06:00	5h23:32
7,659	3h15:20	3h55:00	4h34:00	5h13:00	5h30:34
7,500	3h20:00	4h00:00	4h40:00	5h19:00	5h37:36
7,346	3h24:10	4h05:00	4h46:00	5h26:00	5h44:38
7,200	3h28:20	4h10:00	4h51:00	5h33:00	5h51:40
7,058	3h32:30	4h15:00	4h57:00	5h40:00	5h58:42
6,923	3h36:40	4h20:00	5h03:00	5h46:00	6h05:44
6,792	3h40:50	4h25:00	5h09:00	5h53:00	6h12:46

NOTES